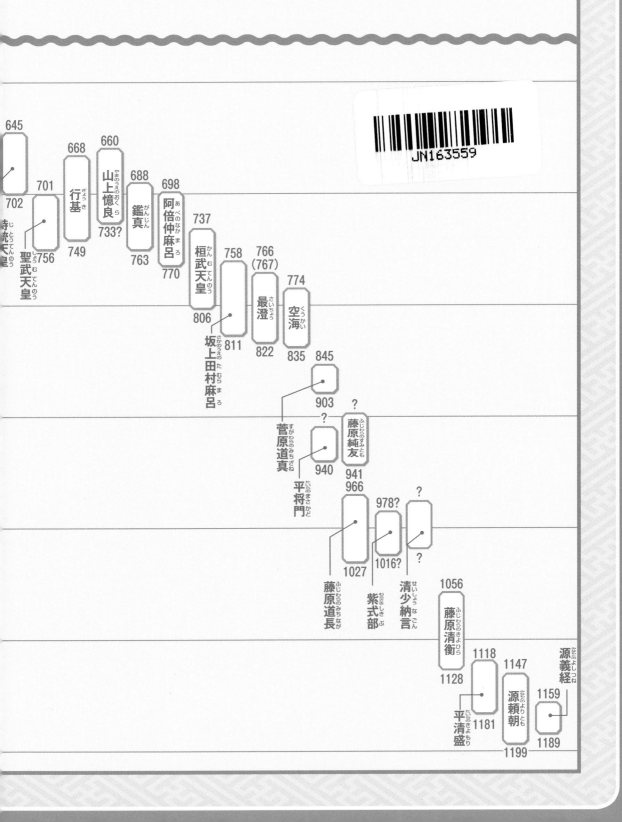

大研究！
日本の歴史人物図鑑 ①
弥生時代〜鎌倉時代

編集／歴史教育者協議会

岩崎書店

もくじ

- 卑弥呼（ひみこ） …… 4
- 古墳（こふん）をつくった人びと …… 8
- 蘇我馬子（そがのうまこ） …… 12
- 聖徳太子（しょうとくたいし）（厩戸皇子（うまやとのおうじ）） …… 14
- 小野妹子（おののいもこ） …… 18
- 中大兄皇子（なかのおおえのおうじ）と中臣鎌足（なかとみのかまたり） …… 20
- 持統天皇（じとうてんのう） …… 24
- 聖武天皇（しょうむてんのう） …… 26
- 大仏（だいぶつ）をつくった人びと …… 28
- 行基（ぎょうき） …… 32
- 山上憶良（やまのうえのおくら） …… 34
- 鑑真（がんじん） …… 36

阿倍仲麻呂と唐へわたった人びと ……………… 40

桓武天皇 ……………………………………………… 44

坂上田村麻呂 ………………………………………… 46

最澄と空海 …………………………………………… 48

菅原道真 ……………………………………………… 52

平将門 ………………………………………………… 54

藤原純友 ……………………………………………… 56

藤原道長 ……………………………………………… 58

紫式部と清少納言 …………………………………… 62

藤原清衡 ……………………………………………… 66

平清盛 ………………………………………………… 68

源頼朝と源義経 ……………………………………… 70

全巻人物もくじ(五十音順) ………………………… 74

まぼろしの邪馬台国となぞの女王
卑弥呼

おもな活動時代	弥生時代
生没年	不明〜247年、または248年ごろ
出身地	不明（諸説あり）
おもな活動場所	邪馬台国（場所不明）

女王卑弥呼の登場

紀元前1世紀ごろ、当時の日本には100余りのクニがありました。それぞれのクニは土地や水や食料をうばいあう争いをくり返し、争いに勝ちのこったクニはだんだんに大きなクニになっていきました。

邪馬台国も争いを勝ちぬいて大きくなったクニのひとつでした。邪馬台国をはじめ、どのクニもみな男の王がおさめていました。争いは果てしなくつづき、王たちも人びとも長い争いに疲れはてていましたが、全体をまとめるだけの力をもった王はいませんでした。30余りのクニの王があつまって、全体の王を決めようと相談しました。邪馬台国の王が死ぬと、新しい王に少女をたて、その少女を全体の王にしようと話がまとまりました。そのようにして選ばれた邪馬台国の新しい王が卑弥呼だったのです。

どうして少女の卑弥呼に白羽の矢がた

てられたのでしょう。卑弥呼は占いをする女性（巫女）として神につかえる身でした。
「巫女なら軍事力をもたないから安心だ」「神のおつげがわかり予言がよく当たるそうだ」「占いで戦についても決めたらよいのでは」
王たちは、卑弥呼の巫女としての力に目をつけたのでしょう。

女王として神として

卑弥呼が王になると、それまでつづいていた争いはおさまりました。どうしてだと思いますか。

卑弥呼は王になったはじめのころは、それほど強い力はもっていませんでした。けれども、自然に左右されることや争いが多かったこの時代、占いは大きな力をもちました。そして卑弥呼の予言はよく当たったといわれています。

卑弥呼が女王になってから、その姿を見た者はほとんどいません。神につかえる身は神聖でなければならないと、宮殿の奥にこもり、めったに人前にはでてこなかったからです。その宮殿には大勢の女性の奴隷がいました。また、高い物見やぐらや柵があり、入り口には武器をもった兵隊がいつも見はっていたので、外部の人間は、なかにはいることはできませんでした。

卑弥呼は一生独身でした。食事や身のまわりの世話は弟がしており、卑弥呼のことばは、この弟から伝えられました。弟が、占いをする卑弥呼と外部との、取

弥生時代

まぼろしの邪馬台国

女王卑弥呼がおさめた邪馬台国は、いったいどこにあったのでしょう。「ここが邪馬台国だ」と全国60以上の地域が名のりをあげ、江戸時代から200年以上も議論がつづけられています。けれどもまだ結論はでていません。そのなかでも有力なのが、九州説と畿内（大和）説です。

九州説は中国の歴史書に書かれている距離や方角などを、畿内説は発掘された鏡などをおもな理由に、主張されています。卑弥呼の死後、大きな塚をつくったと書かれていることから、畿内説では纒向遺跡の箸墓古墳（奈良県桜井市）がこれにあたると考えられています。どちらにしても、かぎられた史料をもとに推理するので、いろいろな解釈がされるのです。

日本における国家の成立にもかかわる邪馬台国の位置は、日本の歴史全体にとっても大きな意味があります。

▲奈良県桜井市にある箸墓古墳。卑弥呼の墓ではないかといわれています。

写真提供・朝日新聞社

り次ぎをしたのです。

　予言やおつげが当たって、しかも姿は見えない。人びとは卑弥呼を王として神として、尊敬し、したがうようになっていきました。卑弥呼の力はだんだん強くなり、何十年も支配することになったのです。

人びとのくらし

　卑弥呼がおさめていた邪馬台国の人びとはどんなくらしをしていたのでしょう。

　邪馬台国にはいろいろな身分の人がいました。王のほかに、「大人」という身分の高い人と、「下戸」という平民、それに「生口」や「奴婢」という奴隷などです。

　大人と下戸が道などで出会うと、下戸はそばの草むらにはいって道をゆずりました。下戸が話しかける時にはひざまずいたり、土下座したりしました。また、下戸は大人に対して手をうって拝んだりしました。身分の差がかなりあったことがわかります。

　食べ物は米だけでなく、麦・豆・そば・果物・動物の肉や魚貝類と、いろいろなものを手で食べていました。お酒もつくっていたようです。

　人が死ぬと10日間は肉を食べないで大勢でうたったり踊ったりしました。そして埋葬がすむと、水中にはいってお清めをしたそうです。

　税をおさめていて、市場もさかんでし

たが、役人が管理し、きまりにそむくと罰をうけました。

国際情勢にするどく反応

昔から日本は、中国や朝鮮半島の国ぐにと交流がありました。

このころ中国は魏・呉・蜀という3国にわかれていました。卑弥呼は、日本にちかい地域の中国や朝鮮半島を支配していた魏の皇帝に、5回も使者を送っています。日本からのみつぎものとしては、生口（奴隷）・布・弓などをもっていきました。中国の皇帝からはたくさんの布・金・刀、そして銅鏡100枚などがあたえられました。中国では当時の日本を「倭」とよんでおり、卑弥呼は「親魏倭王」という称号と、その印としての金印もわたされました。

鏡は当時はとてもめずらしいもので、卑弥呼は日光を反射させて自分の力をしめすのに使ったり、手をむすんだクニの王たちに、ほうびとして分けあたえたりしました。

魏は朝鮮半島の支配をつづけるために、また倭国はとなりの狗奴国との争いの助けをもとめるために、手をむすんだのです。卑弥呼は国際感覚がするどい、外交上手でもあったようです。

▲魏から卑弥呼に贈られた鏡だという説もある三角縁神獣鏡という銅鏡。
宮内庁書陵部 蔵

「魏志倭人伝」

卑弥呼や邪馬台国について知ることができるのは、中国の古い歴史の本「三国志」のなかに、そのことが記されているからです。この部分を「魏志倭人伝」とよんでいます。

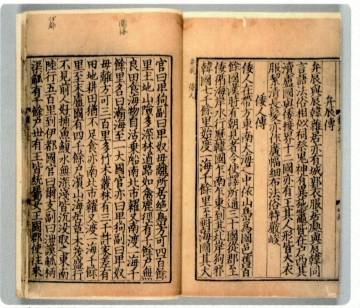

▲「魏志倭人伝」の最初の部分。
宮内庁書陵部 蔵

弥生時代

こんな大きな墓、だれが、なんのために？

古墳をつくった人びと

時代	古墳時代
時期	3世紀～8世紀初め

800億円の大工事ってなに？

800億円。これは、日本最大の前方後円墳である大仙古墳を、その当時のやり方で、おなじようにつくった場合の費用です。

ある建設会社が、当時のやり方と、現代工法をもちいた場合とを比較して、大仙古墳をつくるのに、どれくらいの期間・労働力・費用がかかるか、計算をしています。

とにかく、ブルドーザーなどなかった時代ですから、想像をぜっする大工事だったことは確かです。飛行機で空をとぶこともできない時代に、これほど巨大な、左右対称の前方後円古墳をつくったのは、のちの世のわたしたちに空からながめてくださいといわんばかり。その技術の高さには、本当におどろかされます。

古墳は、こんなふうに多くの時間と人手をかけてつくられた、古代の王や豪族たちの墓なのです。

大仙古墳をつくるには

	古代のつくり方	現代のつくり方
期間	15年8か月	2年6か月
作業人数	のべ 6,807,000人	のべ 29,000人
総工費	796億円	20億円

大林組『復元と構想』より

古墳をつくった人びと

古墳づくりには、大きくわけて3つの集団が必要です。

ひとつは、どこに、どれだけの大きさで、どんな形の古墳をつくるかなど、基本設計をする人びとです。測量や土木技術を身につけた技術者集団で、少ない人数です。

それに対して多くの人数を必要とするのが、実際に土をほったり運んだりする人びとです。ブルドーザーもトラックもない時代ですから、くわやすきで土をほり、モッコをかついで土や石を運びました。この仕事にたずさわったのは、周辺の農民たちでした。

そして、第3の集団は、現場で働いている人たちの食料を用意したり、必要な道具をいつでも使えるように準備したりする人びとです。また、古墳にならべる埴輪の注文などもしなければなりません。会社や学校にたとえれば、事務を担当する人びとといえるでしょう。

さらには、土木作業の道具をつくったり、埴輪をつくったり、死者といっしょにうめる品々をつくったりする、専門家の集団がいたこともわすれてはいけません。

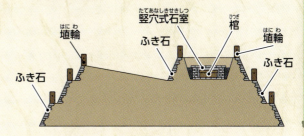

古墳の構造

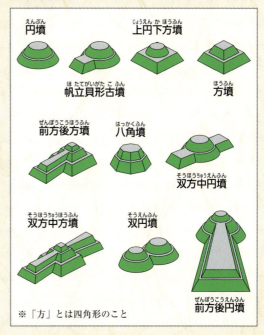

古墳の種類

※「方」とは四角形のこと

大仙古墳
仁徳天皇陵に指定されているが、発掘できないため、ほうむられた人が仁徳天皇かどうかは、現在のところまったく不明。（大阪府堺市）

写真提供・朝日新聞社

石室
古墳のなかにもうけられた、死者をほうむるための石の部屋。

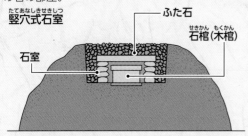
竪穴式石室
ふた石
石室
石棺（木棺）

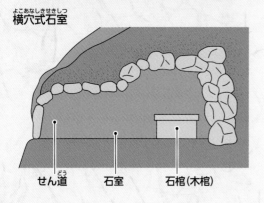
横穴式石室
せん道　石室　石棺（木棺）

副葬品
死者といっしょにうめられた品。その時代のようすを知る貴重な手がかりです。

南山大学人類学博物館 蔵

古墳とはなにか

弥生時代にも、土をもりあげた小さな墓はつくられていましたが、3世紀後半から4世紀の初めになると、それよりもはるかに大きな古墳が、西日本にひろく出現するようになりました。古墳時代とよばれる時代のはじまりです。

この時期、各地に前方後円墳や前方後方墳がつくられていますが、次のような共通した特色がみられます。

① 竪穴式石室のなかに、大木を二つにわってなかをくりぬいた、木製のお棺や、石のお棺があり、それに遺体をほうむっていること。

② 鏡、刀剣、玉など、いっしょにおさめられた副葬品の組み合わせが似ていること。

などです。これらの共通点から、この時期の古墳は、共通の約束ごとにもとづいてつくられたと思われます。

地域ごとに一番古い前方後円墳の大きさをくらべてみると、奈良県の纒向遺跡の箸墓古墳が長さ約280メートルで一番大きく、瀬戸内や北九州にある古墳の2倍の大きさです。このことから、近畿地方の豪族の力が、よそよりまさっていたことがわかります。近畿地方の豪族をリーダーに、西日本の各地の豪族がおたがいに手をむすび、連合して、政治をおこなっていたと考えられます。そのリーダーを大王とよび、この連合はヤマト政権（ヤマト王権）へと発展していくのです。

このように、古墳はたんなる墓ではなく、それぞれの地域の豪族が、どれぐら

古墳時代

いの力をもっていたかをしめす印でもありました。また、後をつぐ者が、死んだ王や豪族の力をうけつぐ儀式をする場でもあったのです。各地に古墳がまとまって残っているのは、代々つくられたことを意味しています。

巨大古墳がつくられた時代

4世紀中ごろになると、前方後円墳は、東北地方中部から南九州まで、ひろく全国でつくられるようになります。これら遠方の古墳にも、木棺の形や副葬品に共通点がみられます。地方の豪族が近畿を中心とした政治のしくみに、次つぎとくわわっていった証拠と考えてよさそうです。

5世紀は、巨大古墳がさかんにつくられた時代です。巨大古墳は、いまの大阪府と奈良県あたりに集中しています。それらのなかで最大のものが大仙古墳です。全長486メートル、後円部の直径249メートル、まわりは濠でかこまれています。

5世紀ごろの日本は、さかんに中国へ使いを送り、新しい技術や文化をとりいれた時代です。朝鮮など大陸からわたってくる人も多く、須恵器（それまでのものよりかたい土器）やかまど、金や銅のかざりもの、乗馬の風習などが伝えられたのもこのころです。これらの影響は、古墳の副葬品にもみられ、鉄製のよろいやかぶと、馬具が多くうめられるようになります。

古墳はやがて規模も小さくなり、横穴式石室のものが多くなります。有力農民にまで古墳づくりがおよんだとみられ、これらは一か所に数多くつくられていることから群集墳と呼ばれます。古墳時代の終わりのころには、高松塚古墳のように、石室に色彩ゆたかな男女の姿などがえがかれた装飾古墳もつくられました。

埴輪

古墳には埴輪がならべられていました。埴輪は、ねん土で人や動物や家や筒の形をつくって焼いたものです。死者を送る儀式をあらわしているとする説など、その意味についてはいろいろな説があります。

これらの埴輪から、人びとの衣服や住居など、当時のようすを知ることができます。

太田市立新田荘歴史資料館 蔵

大王をしのぐいきおいの豪族
蘇我馬子

おもな活動時代	飛鳥時代
生没年	？～６２６年
出身地	不明
おもな活動場所	奈良県

蘇我氏と物部氏の戦い

　初めて日本を統一したヤマト政権（王権）は、いくつもの豪族が手をむすんでつくった連合政権でした。そして、そのリーダーは大王家とよばれる豪族です。

　しかし、都が飛鳥（奈良県）にあったころ、政治のうえで大きな力をふるう豪族があらわれます。それが蘇我氏です。

　蘇我氏は、朝鮮からわたってきた渡来人を多くつかって外交にあたり、朝廷の財政をあずかっていたため、しだいに力をのばしてきたのです。

　蘇我氏は渡来人とともに仏教を信仰していました。蘇我馬子は自分のやしきに仏殿をつくり、仏教を積極的にひろめました。

　ちょうどそのころ、国内に伝染病が流行しました。日本の古い神を信仰している豪族物部氏の守屋は、これを蘇我氏が

大王家とは？

　豪族のうちで一番力がある家という意味です。ふつう天皇家ともよばれますが、「天皇」ということばが使われたのは７世紀後半からだといわれています。

飛鳥大仏

法興寺（飛鳥寺）の本尊としてつくられた釈迦如来座像で、いまのこっている日本最古の仏像です。605年に止利仏師がつくったといわれ、渡来人の最新技術をつかった、蘇我氏の力の大きさがしのばれます。

写真提供・明日香村教育委員会　飛鳥寺 蔵

仏教をひろめたためであるとし、蘇我馬子とはげしく対立しました。守屋は寺院を焼きはらい、仏像をなげすててしまいました。

敏達天皇が皇后をのこして亡くなると、馬子は皇后の兄弟の用明天皇を位につかせ、天皇の母方の親類として力をのばしました。用明天皇が死ぬと、だれを次の天皇にするかで、また守屋と争います。はげしい戦いの末、587年ついに物部氏をほろぼし、蘇我氏とつながりのある崇峻天皇を位につかせました。

さらに蘇我氏のおうぼうをきらうようになった崇峻天皇を暗殺して、推古天皇を位につかせ、聖徳太子〈P14〜17〉を天皇にかわって政治をおこなう摂政の役につかせました。

このあと馬子は自分のむすめ2人を、聖徳太子、舒明天皇、それぞれのきさきにし、天皇家とのつながりをいっそうふかくします。馬子は敏達・用明・崇峻・推古の4代の天皇の大臣（ヤマト政権で政治をとった最高の役職）をつとめました。

馬子と聖徳太子

仏教を信仰していた蘇我馬子は、仏教に熱心だった聖徳太子と協力して政治をすすめました。

物部守屋をほろぼしたあと、蘇我氏一族をまもる寺として飛鳥寺をたて、力をしめしました。

聖徳太子の死後、馬子はさらに大臣としての権力を強め、しばしば天皇をもしのぐいきおいになりました。626年、馬子が死ぬと子どもの蝦夷が大臣の位につきました。

石舞台古墳（奈良県明日香村）

おおきな上円下方墳で、表面をおおっていた土がうしなわれたために、横穴式石室が地上にあらわれたものです。蘇我馬子の墓と伝えられています。

写真提供・明日香村教育委員会

飛鳥時代

仏教をふかく信仰した政治家
聖徳太子（厩戸皇子）

おもな活動時代	飛鳥時代
生没年	574年～622年
出身地	不明
おもな活動場所	奈良県

仏教を信仰する人

聖徳太子は、かつて1万円札の肖像画に使われていました。

聖徳太子は、仏教をふかく信仰して、法隆寺をたてました。また、「冠位十二階」や「十七条の憲法」をさだめたといわれています。また、小野妹子〈P18・19〉を遣隋使として中国に送りました。

このような業績から、聖徳太子はのちの世の人びとにたいへんうやまわれました。いまでも聖徳太子をまつるお寺や神社があります。

聖徳太子の本名は？

聖徳太子という名前は、本名ではありません。厩戸皇子（うまやとのおうじ・うまやとのみこ）の業績をたたえて、のちの人がおくった名前です。厩戸王ともよばれていました。

聖徳太子は大王家（天皇家）の人ですが、当時一番力をもっていた蘇我氏とふかいつながりがありました。蘇我馬子〈P12・13〉は、聖徳太子の妻の父にあ

たります。また、馬子は妹をとおして、大王家ともふかく結びついていました。太子の業績を書いた古い伝記によると、蘇我馬子と聖徳太子が協力して、政治にあたっていたと書かれています。蘇我馬子は、もうひとりの実力者だったのです。

冠位十二階は、だれが？

日本で2番目に古い歴史書である『日本書紀』（のちの奈良時代に成立した歴史書）では、聖徳太子がかつやくしていた603年12月3日に、「はじめて冠位をおこなう」と書かれています。

冠位十二階は、家がらや出身地に関係なく、才能や力のある人を役人にとりたてようとしてつくられた制度です。聖徳太子の業績のひとつとして伝えられています。

遣隋使として隋にわたった小野妹子は、その時の業績が認められて、冠位十二階の一番上、大徳になっています。

ところが、蘇我馬子は、冠位十二階より上に位置づけられ、冠位十二階の冠の色とはべつの紫の冠位をもっていました。ですから、冠位十二階は蘇我馬子がつくり、他の豪族や役人にあたえたとも考えられています。

冠位十二階

			地位高い
紫	徳	大徳／小徳	
青	仁	大仁／小仁	
赤	礼	大礼／小礼	
黄	信	大信／小信	
白	義	大義／小義	
黒	智	大智／小智	地位低い

飛鳥時代

伝・太子像

この絵は、聖徳太子をえがいたものだといわれてきました。聖徳太子がたてた法隆寺にながい間かかげられていました。

聖徳太子は、6世紀末から7世紀初めにかけてかつやくした人です。ところが、この絵の服装は7世紀末のものです。また、この絵は、奈良時代になってかかれたものであることもわかりました。

伝・聖徳太子二王子像　宮内庁侍従職 蔵

憲法十七条をつくる

『日本書紀』には、604年4月に、「皇太子、みずからはじめて憲法十七条をつくりたまう」と書かれています。聖徳太子が憲法十七条を制定したことが考えられます。

憲法十七条に見られる聖徳太子の考え方は、どういうものでしょうか。憲法十七条には、次のような内容が書かれています。

> 第一条　人の和をたいせつにしなさい。
> 第二条　仏教をあつく信仰しなさい。
> 第三条　天皇の命令には、かならずしたがいなさい。
> 第十二条　地方をおさめる役人は、人びとからかってに税金をとってはならない。税金をとるのは、天皇である。

憲法というと、いまの日本国憲法のように国全体のことを定めたと考えがちですが、聖徳太子のつくったといわれる憲法は役人の心得を示したもので、天皇は豪族よりもつねに上にたつ、この国で一番えらい人であり、その命令には必ず従うことをもとめ、宣言したものでした。

聖徳太子は、天皇中心の政治にすることを理想として考えていたのです。実力をもっていた蘇我氏から政治の力をとりもどそうとしていたのかもしれません。

法隆寺をたて、仏教をさかんに

日本の仏教は、6世紀なかばに、百済（朝鮮）から仏像や経典が伝えられたのがはじまりといわれています。

聖徳太子や蘇我馬子は、はやくから仏教を信仰していましたので、太子や馬子にしたがって、多くの豪族たちや大王家（天皇家）も仏教を信じるようになりました。

607年ごろ、聖徳太子は、自分のすま

法隆寺
五重塔や金堂が並ぶ西院伽藍。いずれも世界最古の木造建築物で、ユネスコの世界文化遺産にも登録されています。
写真提供・飛鳥園　法隆寺 蔵

いのあった斑鳩の地に、法隆寺を建てました。このころ、お寺を建てることは、仏教を心から信仰しているしるしでした。太子は、仏教の教えを、心から理解し、人びとにひろめようとしたのでしょう。

聖徳太子が亡くなって50年ほどのち、法隆寺は火事で全焼してしまいます。しかし、すぐに再建されます。それが、現在の法隆寺です。現在のこっているなかでは、世界で一番古い木造建築物です。

また、焼けてもすぐたてなおされたことから、聖徳太子が、亡くなったのちでも、多くの人びとに尊敬されていたと考えられています。

や仏教は、ヤマトの国を豊かにしました。さらに豊かで進んだ国にしようと、中国から文化や学問を直接とりいれようとして、遣隋使が送られました。608年の使い小野妹子に、たくさんの留学生や留学僧がついていったことからも、遣隋使のねらいが感じられます。

これらの留学生、留学僧が、20年をこえるきびしい勉強を終えて帰国すると、新しい政治や文化を切りひらく指導者となります。「大化の改新」以後のたくさんの改革は、これらの留学生の知恵によっておこなわれます。聖徳太子がえがいた理想は、のちの世の中で実現することになります。

飛鳥時代

遣隋使をおくる

朝鮮半島からはいってきた進んだ文化

花ひらく飛鳥文化

大王の宮殿のあった飛鳥や斑鳩を中心に、仏教をとりいれた新しい文化が花ひらきました。蘇我馬子のたてた法興寺（飛鳥寺）の跡で見つかった瓦のもようは、百済ではじまったものです。法隆寺の百済観音、釈迦三尊などの仏像をつくった止利仏師は、朝鮮からの渡来人の子孫です。また、法興寺の建物のならび方には、高句麗の影響があります。飛鳥文化は、朝鮮の文化に強い影響をうけて生みだされたものでした。

玉虫厨子
▼推古天皇が愛用していたという仏像などを安置するための調度品で、装飾に玉虫の羽が用いられています。国宝。

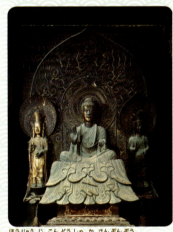

法隆寺金堂釈迦三尊像
▲厩戸皇子（うまやとのおうじ　うまやとのみこ）の菩提を弔うためにつくられた。面長な顔つきに飛鳥時代の特徴が表れています。国宝。

写真提供・飛鳥園　法隆寺 蔵

日本最初の外交官
小野妹子

おもな活動時代	飛鳥時代
生没年	不明
出身地	滋賀県
おもな活動場所	滋賀県・中国（海外）・朝鮮

妹子、隋へむかう

607年、小野妹子は、遣隋使として隋（中国）へむかいました。そのころ日本と中国との間では、しばらく国交がたえていました。妹子は、隋と国交を再開したいという聖徳太子〈P14〜17〉からの手紙をもっていきました。

隋の都についた妹子は、隋の皇帝煬帝に会い、手紙をわたしました。皇帝煬帝は手紙を読んで、「野蛮な国からの手紙で、無礼である」とたいへんおこりました。その手紙の初めには、「日ののぼる国の天子から、日のしずむ国の皇帝に手紙を送ります」と書いてあったのです。

東アジア一の大国である隋の皇帝に、自分の国の力もわきまえない手紙をもっていった妹子は、どんな思いがしたでしょう。

きっと、隋の都の壮大さに国の力のちがいを知って、ハラハラドキドキだったのではないでしょうか。それでも妹子は、なんとか皇帝煬帝との会見をおえました。

翌608年、妹子は、煬帝の使いをつれ

て、百済（朝鮮）をとおって、日本に帰国しました。

妹子のうった大しばい

帰国した妹子は、おどろくべき報告をしました。
「中国の皇帝は、もっていった手紙の返事をくださいました。ところが、百済国をとおる時に、百済人がこれをぬすみとりました。それで、返事をもってくることができませんでした」というのです。

おそらく、隋の皇帝煬帝は、無礼な聖徳太子の手紙におこって、厳しい調子の返事をもたせたのではないでしょうか。それで妹子は、ヤマト政権（王権）の役人に手紙の内容をあきらかにすることができなくて、「百済でぬすまれた」と大うそをついたのでしょう。

妹子のうった大しばいで皇帝煬帝からのきびしい返事も公表することなく、隋の使いを大和にむかえることができました。

遣隋使のルート（推定）
今ほど航海技術が進んでいなかった当時、海をこえて朝鮮半島や中国にわたることは、とても危険なことでした。

妹子、ふたたび隋へ

皇帝の使いは、その年のうちに隋へ帰国することになりました。

この時、妹子は、ふたたび隋に同行することになりました。きっと、手紙のことで大しばいをうった妹子の行動が、天皇や聖徳太子に評価されたのでしょう。

こうした功績により、妹子は、冠位十二階の第5位から、第1位になりました。

飛鳥時代

遣隋使と遣唐使

608年に遣隋使を送った時、留学生の高向玄理、南淵請安、留学僧の旻などが妹子とともに隋へわたりました。

隋のあと唐が大帝国をつくると、630年に遣唐使が送られました。隋や唐の進んだ学問や文化を学んだ彼らは、律令制度をととのえたり、都づくりをすすめたり、大化の改新以後に大活躍をしました。

▶遣唐使をのせた船（復元）

写真提供・長門の造船歴史館

蘇我氏をほろぼし、強力な政治をめざした

中大兄皇子と中臣鎌足

おもな活動時代	飛鳥時代
生没年	中大兄皇子：626年〜671年 中臣鎌足：614年〜669年
出身地	中大兄皇子：奈良県？ 中臣鎌足：奈良県？
おもな活動場所	奈良県

中大兄皇子

中臣鎌足

蘇我氏をたおす

　飛鳥で聖徳太子〈P14〜17〉が政治をすすめていたころ、蘇我氏は大臣として大きな力をもつようになっていました。

　聖徳太子が亡くなったのち、蘇我氏の勢いはさらに強くなり、蘇我蝦夷と入鹿の親子は天皇をもしのぐ勢いとなりました。天皇のあとつぎをめぐる争いのなかで、聖徳太子の子、山背大兄王をおそって自殺においこんだりしました。

　そのころ、中国の唐に留学していた人びとが帰国しました。舒明天皇の子、中大兄皇子や豪族中臣鎌足は、留学生のひとり南淵請安から、唐の都ですすめられていた政治のしくみを学んでいました。

　唐では、皇帝による強力な政治をすすめるため、役人のきまりや政治のきまりをつくっていることを知った2人は、日本(倭)でも法をさだめて政治を改革しなければ、という気持ちを強めていました。

　それには、飛鳥で大きな力をもってい

る蘇我氏をたおし、唐のような強力な政治のしくみをととのえなければと考えたのです。

ついにその機会がやってきました。645年6月12日、朝鮮からの使者があいさつにくる日、ひそかに準備をしていた中大兄と鎌足は、歓迎の式のさなか、仲間とともに、式に出席していた蘇我入鹿をおそい、殺してしまいました。さらに兵隊を入鹿の父の蝦夷の家にさしむけました。蝦夷は飛鳥の自分の家に火を放ち、自殺しました。蘇我氏は全滅においこまれてしまったのです。

蘇我氏をたおした中大兄は、おじの軽皇子を天皇の位につけて孝徳天皇とし、自分は皇太子となりました。鎌足も内臣という高い位につけて、2人は、政治の改革をはじめました。

大化の改新

この年、はじめて年号をさだめて「大化」としたといわれ、この改革は、のちに「大化の改新」とよばれました。改革では、次の4つのことをめざしたといわれています。

第1は、いままで豪族たちがもっていた土地、人民はすべて、国のものとする。これを「公地公民」といいます。

第2は、全国を国と郡にわけ、それぞれに役人として国司、郡司をおく制度を

飛鳥時代

談山神社 蔵

蘇我入鹿の暗殺
中大兄皇子と中臣鎌足が蘇我入鹿を暗殺した場面がえがかれています。（多武峰縁起絵巻）

農民の負担

租 稲を納める

調 織物や地方の特産物を納める

調や庸は、都まで運ばなければならない

庸 都で働くか、布を納める

つくりました。第3は、戸籍をつくり、人民に田を分けあたえるという、「班田収授」という決まりをつくりました。

第4は、税の制度をあらため、農民から「租、調、庸」という税をとることにしました。米をさしだすだけでなく、一定の期間働かされたり、特産物をさしだすというものでした。

これらの方針を実行するには、豪族から土地や人民をとりあげなければなりません。反対をおさえるために、豪族たちを中央や地方の役人にとりたて、役目にしたがって、新しい位と税の一部をあたえるようにしました。唐の政治のしくみをとりいれたこのような法によって治める制度のことを「律令制度」といいます。

口分田

農民が国からわりあてられた土地を、口分田といいます。土地のひろさは、家族の人数によってきまります。

藤原氏のはじまり

中臣氏は、大和でも古くからの有力な豪族で、朝廷では祭りの仕事をしていました。蘇我氏が仏教のうけいれに積極的であったことから、物部氏とともに蘇我氏と対立し、物部氏がやぶれて滅亡したあとは、勢いがおとろえてしまっていました。

大化の改新ののち、鎌足は内臣に任命され、中大兄皇子につぐ実力者となりました。死ぬ前に藤原の姓をもらい、奈良時代、平安時代に大きな力をもつ、藤原氏がここからはじまります。

談山神社 蔵

飛鳥時代

改革のつまずき

中大兄や鎌足らの努力で改革は進められましたが、土地や人民をとりあげられる豪族たちの反対は根強いために、役人を多くしたり、冠位を12階から13階、さらには26階にまでふやしたりしました。

日本軍、白村江で敗れる

新しい国づくりがはじまったばかりなのに、改革は一時とりやめなければならなくなりました。

朝鮮半島の百済が日本にたすけをもとめてきたからです。朝鮮では百済と新羅の国が長いあいだ争っていました。新羅が唐のたすけをかりて百済に攻めいったのでした。

日本は、朝鮮に兵をだしました。しかし、唐と新羅の連合軍は強く、日本は朝鮮半島の西南部にある白村江で戦い、さんざんにうちやぶられてしまいました。

668年に中大兄皇子は天皇の位につき、天智天皇となりました。都を大津（滋賀県）に移し、「近江令」とよばれる法律をつくったり、戸籍の制度を全国に広げたといわれています。

こうして大化の改新でめざされた改革は、およそ50年後に「大宝律令」としてまとめられ、実行に移されていきました。

白村江（はくすきのえ／はくそんこう）の戦い

※「日本」のよび方についてはP43参照

水時計と「時の記念日」

1981年、奈良県明日香村で発掘がおこなわれたさい、660年に中大兄皇子がつくったと伝えられる、「漏刻」とよばれる水時計が発見されました。漆塗りの木の水いれを階段のようにならべ、水の量をしらべて時刻をはかるしくみの時計でした。遺跡は水落遺跡と名づけられました。

また、671年4月25日に、水時計（漏刻）を台の上において時刻をはからせ、鐘とつづみをうって時を知らせたとの記録があります。4月25日が現在の6月10日にあたるので、いまはその日を「時の記念日」としています。

飛鳥資料館 蔵

天皇中心の律令国家をつくった女帝
持統天皇

おもな活動時代	飛鳥時代
生没年	645年〜702年
出身地	奈良県？
おもな活動場所	奈良県

「春すぎて　夏きたるらし　白妙の　衣ほしたり　天の香具山」

これは、持統天皇が藤原宮の宮殿から外をながめ、香具山にひるがえる白い衣に、夏がきたことを感じとってうたった歌です。夫の天武天皇をうしなった悲しみや、新しい都づくりのいそがしさから、ようやくぬけだすことができて、おだやかで安心した気持ちが、この歌から感じられます。

壬申の乱

のちに持統天皇となる皇女が27歳のころ、父天智天皇〈P20〜23〉のあとつぎの座をめぐり、自分の夫、大海人皇子（天智天皇の弟）と自分の弟大友皇子（天智天皇の子）が争いました。

皇女は、1か月におよぶ戦にまきこまれました。戦に勝った夫は、翌年天皇の地位につき、天武天皇となりました。天皇という権力をめぐって、天皇の弟と息子が争ったこの戦いを、壬申の乱といっています。

壬申の乱

初めての大きな都、藤原京

　夫が亡くなったあとの690年、皇女は持統天皇となり、夫の意志をついで藤原京（奈良県）づくりを進めました。

　藤原京は日本で最初に、本格的につくられた都です。ごばんの目のような町なみをもつ町が計画的につくられました。数万本の柱を使った瓦ぶきの宮殿は、使丁とよばれる、かりだされた多くの人によってつくられました。

　都の人口は、2万から3万人。役所でつくった市場もおかれました。日本最古の貨幣は「富本銭」ですが、藤原京では「和同開珎」が発行され使われました。

浄御原令をつくる

　持統天皇は、689年、夫の天武天皇の仕事をひきついで、浄御原令という法律を実施しました。

　隋や唐の法律を見本として、つくったきまりです。ただし、673年から701年まで、遣唐使は一度も派遣されていなかったのに対し、遣新羅使は8度派遣されており、新羅の律令の影響も受けていました。

　この法律がおこなわれることになって、役所のしくみがととのえられ、地方を支配するための戸籍がつくられました。

　全国を、国・郡という地方に分け、その下をさらに小さく、里に分けました。50戸1里とされた区分けごとに、1巻の戸籍がつくられました。

　諸国の人民が、国の民（公民）として登録されたことになります。

大宝律令・養老律令

　律令制度をささえる法律の整備は、浄御原令の実施後もつづけられました。

　701年には「大宝律令」がつくられ（翌年実施）、718年には「養老律令」がつくられました（757年実施）。

　「律」は、刑罰をさだめたもの。「令」は、それ以外の法律のことです

昔は女性の天皇もいた

　持統天皇は、天武天皇の皇后でした。天武天皇が亡くなってから、天皇として位についたのです。

　古代の天皇のなかには、女帝（女性の天皇）がたくさんいました。推古、皇極（斎明）、持統、元明、元正、孝謙（称徳）の6人です。

　これらの女帝は、天皇の皇后だったり、次の天皇が幼いので、成長するまでの中つぎの役目だったりしました。8世紀後半に天皇となった称徳天皇よりあとは、ほとんど男性の天皇ばかりでした。

飛鳥時代

仏教に国の未来をかけた王
聖武天皇

おもな活動時代	奈良時代
生没年	701年～756年
出身地	奈良県
おもな活動場所	奈良県

天平文化を伝える正倉院

　毎年秋になると、奈良国立博物館で「正倉院展」がひらかれ、たくさんの人びとが、見学におとずれます。
　東大寺の正倉院には、聖武天皇の記念品や、大仏開眼式で使った物など、天平とよばれる時代の品々が、おさめられています。
　天皇がたいせつにしていた品々は、楽器、家具、食器などの身のまわりの物や、めずらしい宝物などでした。
　それらのなかには、遠くインド、イランや東南アジアなどから、シルクロードや南海航路を通じて、もたらされたものもありました。
　奈良時代の天皇のなかでも、大仏づくりや正倉院でよく知られている聖武天皇

みだれる政治を仏教の力で……

聖武天皇が平城京（奈良県）の主になったのは724年です。若き天皇を待っていたのは、貴族たちの争いと天然痘の大流行、そしてたびかさなる凶作でした。

740年になると、九州の大宰府の役人藤原広嗣が、反乱を起こします。広嗣はまもなくやぶれますが、天皇は、このままでは、もっと大きな反乱が起こるかもしれないと考え、恭仁京、紫香楽宮、難波宮と、都を移しかえました。

政治になやむ天皇の心をとらえたのが、仏教でした。もっともっと仏教をさかんにすることで、乱をしずめ、国をまもり、世の中を正しくみちびくことができると、考えるようになりました。

741年、諸国に国分寺、国分尼寺をたてるようにという詔がだされました。天皇は、これらの寺をたて、国の平和をいのることで、災いから国をまもることができると考えたのでした。また、天皇は、国分寺の中心となる東大寺に、大仏をつくることを決意します。いつまでも、この世の中をてらしつづけるという大仏に、国の未来をかけようと考えたのです。

743年に大仏造立の詔がだされました。国力をかけて大仏づくりに熱中します。聖武天皇は、詔のなかで「わたしには仁徳がない、にもかかわらず天皇の位についてしまったので、その政治がなかなかうまくいかない」と心のうちを語っています。

あまり健康でなかった天皇は、大仏開眼の式をおこなってから4年後の756年、56歳の生涯を終えました。

聖武天皇の文字

東大寺正倉院に、聖武天皇の自筆の書がのこされています。写真の右が天皇の書いた文字、左は妻の光明皇后の文字です。

字の勢いをみくらべてみると、天皇の文字は皇后の文字よりも、ほっそりと、ていねいな感じがします。天皇は、聖武という名から、徳の高い、いさましい人物のように想像されますが、実は、こまやかな神経の持ち主だったのでしょう。

なんども都を移したり、国のまもりに大仏をつくった政治を考えると、筆跡は人物をあらわしていると思えてきます。

正倉院宝物

天平文化をのこした立役者たち

大仏をつくった人びと

時代	奈良時代
時期	8世紀ごろ
地域	奈良県

大仏開眼供養会

　752年4月9日は、聖武上皇（天皇の位をゆずった後のよび名）〈P26・27〉がまちのぞんでいた大仏開眼供養会の日です。大仏の目のひとみを書きいれる開眼式は、金属の像にたましいをいれるたいせつな儀式です。

　大仏をつくるようにという聖武天皇の詔から9年、ようやくその日をむかえることができたのです。

　巨大な大仏のまわりは、色とりどりのたくさんの旗やのぼりでかざりたてられています。アジア各地からの1万人の僧がお経をとなえるなか、インドからきた高僧が大仏の顔のところまであがって、長さ1.2メートルの大仏の目に筆でひとみを書きいれます。その筆につけられた五色のひものはしを、聖武上皇、孝謙天皇、貴族たちがにぎっていました。

　開眼のあと、大仏の前で、日本やインド、ベトナム、中国、朝鮮の踊りや音楽がつづきました。

　この開眼式をひと目見ようと、何千人もの人びとがつめかけました。しかし、このすばらしい儀式をまぢかに見たのは、

貴族や役人たちでした。大仏づくりのために実際に働いた人びとは、遠くのほうから見まもるだけでした。

大仏づくりと国中君麻呂

16メートルもの大きさの大仏をつくろうと考えたのは、聖武天皇でした。仏教を深く信じていた天皇は、大仏をつくることによって、世の中がおだやかになり、国がさかえるだろうと考えたのです。

しかし、これほど大きな仏像をつくった経験は、日本にはまったくありませんでした。

そんな時、「たいへんよい方法があります」と名のりをあげたのが国中君麻呂でした。君麻呂は百済（朝鮮にあった国）が滅ぼされた時、日本にわたってきた鋳物の技術者の孫でした。

この時代には、すぐれた技術をもった大陸からの渡来人が、ひろく日本の社会で活躍していました。君麻呂もそのひとりだったのです。

大仏づくりに集められた人びと

国中君麻呂のような技術者の力だけで、大仏がつくられたわけではありません。その下に大勢の人びとが働いていたのです。その数を、のちの資料では、次のよ

東大寺盧舎那仏像（奈良の大仏）
何度も大火などにあい、奈良時代に造立されてから残っている部分はごく一部ですが、国宝に指定されています。

うにしるしています。

　木材をだした人　のべ51,590人
　銅などをだした人　のべ372,075人
　働いた人　のべ2,179,937人

このなかには、30種類の大仏づくりの技術者もふくまれています。かかわった人は、のべ267万人にもなり、当時の総人口600万人からすると実に多くの人びとが大仏づくりにかかわったことがわかります。

これらの人びとは、大仏づくりの僧として任命された、行基〈P32・33〉などの働きかけで集められたり、各地からつれてこられた人たちでした。

大仏や大仏殿のための木材や鉱石を、奈良盆地まで運びこむことは、大変な仕事です。遠い土地から陸路で荷物を大量に運んでくるには、かぎりがあります。そこで、奈良の北側を流れる木津川を使って運びました。木津川から奈良までは、奈良坂を越えて荷物を運ばなければなりません。馬や牛も使われましたが、人が引いたりして運ぶことが多かったのです。

大仏づくりの技術

大仏のような重い仏像をすえる時には、土台の基礎工事をていねいにしなければなりません。まず、大仏を置く地面を、ひろく池のように掘りさげ、その底に玉石をしきつめてかためます。その上にねん土を重ねてつきかため、砂をまいてから、ふたたびねん土を重ねます。これをくり返しておこないました。大勢が根気よく仕事をしなければなりませんでした。

大仏をつくるために、まずおなじ大きさの、ねん土の大仏をつくります。これは、木材や竹で骨組をつくり、その上にねん土をつけて、形をととのえます。

次に、その大仏を8段にわけ、1段ずつとけた銅を流しこむ作業の用意にとりかかります。ねん土の大仏の上に、さらにねん土を30センチの厚さにぬりつけて外型をつくります。つぎに、いったん外型をはずして、ねん土の大仏の表面を5センチほどていねいにけずります。外型

いまの東大寺大仏殿
大仏・大仏殿とも、2度の戦火にやかれ、くずれおちました。いまある大仏殿は江戸時代に建てられたものです。

写真提供・奈良市観光協会　東大寺 蔵

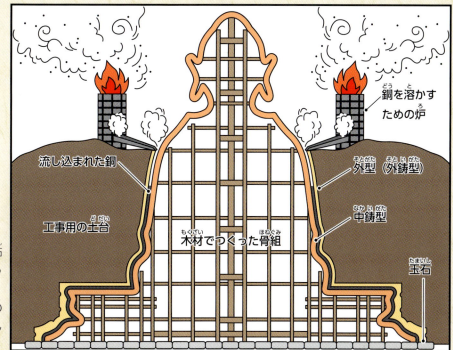

大仏の鋳造
たくさんの木材や粘土、そして銅を使っておこなう作業は、巨額の費用と大勢の労働力が必要でした。

とけずった分とのすき間に、とかした銅を流しこむのです。1段目がすむと2段目というようにして、下から順に銅を流しこんでいくのです。

大仏づくりのなかでいちばん大変だったのは、銅をとかし、流しこむ作業でした。炉のなかに、銅とすずと炭火とをいれて、とかします。炉のなかは、1100度から1200度にもなります。燃えさかる火と、とけた銅をあつかうのですから、いちばん危険な仕事で、事故もよくおこりました。大仏づくりの労働はきわめてきびしく、病気になったり、逃亡をくわだてる者もたくさんいたことがわかっています。745年のくわいれ式から、7年かかって大仏は完成しましたが、大仏殿や、その他が全て完成するまでには、27年もかかりました。大仏づくりにかけられた費用のため、国の財政はさらに苦しくなっていきました。

日本最初の公害か？

大仏は、金色にかがやく姿に仕上げられました。当時の金メッキは、次のようにしておこなわれました。
①水銀と金を5対1の割合でまぜ、ねん土のようにやわらかい、金アマルガムをつくります。②それを大仏の表面にぬって、350度以上の炭火であぶります。③すると、水銀だけが蒸発して、あとにうすい金のまくがのこります。④これを布や皮でみがくと、金色にかがやきます。

ところで、この作業は大変危険なものだったはずです。水銀は有毒なガスを発生させるからです。重い中毒で死ぬ人も、たくさんでたことでしょう。また、水銀が東大寺の下の川に流れこみ、水を汚染したことも想像されます。

しかし、そうしたことは、何ひとつ記録にはのこっていません。

人びとのために生き、生き仏とよばれた僧

行基(ぎょうき)

おもな活動時代	飛鳥時代(あすかじだい)～奈良時代(ならじだい)
生没年(せいぼつねん)	668年～749年
出身地	大阪府(おおさかふ)
おもな活動場所	大阪府・奈良県(ならけん)

とりしまりの詔勅(しょうちょく)

「僧(そう)や尼(あま)は、しずかに寺で仏(ほとけ)の教えを学び、仏の道を世につたえるのがつとめである。だが、おこないの悪い僧の行基(ぎょうき)とその弟子(でし)たちは、寺の外で仲間(なかま)をつくって人びとにいいかげんなことを教え、人びとをまどわしている。僧や尼が、法(ほう)にそむいてまじないをしたり、占(うらな)いをしたりして、報酬(ほうしゅう)をもとめたりするのは悪いことなのだ。こんご、人びとにもいいきかせて、このようなことはきびしく禁止(きんし)しなくてはならない」

これは、717年4月23日にだされた詔勅(しょうちょく)(天皇(てんのう)の命令(めいれい))でした。それでも、行基たちの活動はつづけられました。

人びとのために

行基は、中国(ちゅうごく)からの渡来人(とらいじん)を先祖(せんぞ)にもつ父母(ちちはは)の間に、いまの堺市(さかいし)で生まれました。682年、15歳で出家(しゅっけ)し、704年には生家(せいか)を寺として、ここをよりどころに仏教(ぶっきょう)を広めるとともに、弟子といっしょに

なって橋をかけたり堤防をつくったりして、人びとの生活に役だてました。このため、行基をしたってくる者はあとをたたず、多い時は千人もの人がともに行動していたといいます。

このことが朝廷から法律違反だとされて、取りしまりをうけることになるのです。しかし、行基がやってきた土木工事は、あきらかに世の中に役だっています。このため朝廷は、731年には行基のやっていることを認め、その弟子の一部を正式の僧や尼として認めたのです。

大仏づくりへの協力

743年、聖武天皇〈P26・27〉は大仏づくりのおふれをだしました。この時、行基はその手伝いを命ぜられました。そして翌々年には、大僧正という高い位をあたえられました。

行基の最後の仕事は、大仏づくりでした。行基の活躍のおかげで、河内国（大阪府）の有力者が銭千貫を寄進するなど、大仏づくりの助けになることが大きかったのです。

その行基は、大仏ができあがる前に亡くなりました。平城京右京の薬師寺のちかくにたてた菅原寺（いまの喜光寺）が、その最期の場所でした。

行基菩薩

行基は、生きている時から、「行基菩薩」とあがめられ、したわれました。菩薩といえば、観音さま（観世音菩薩）や、お地蔵さま（地蔵菩薩）を思いだします。生き仏の行基さま、というわけです。

そして、全国的に、行基のたてた寺だとか、行基がつくった仏像だといわれるものがあります。それらの大部分は事実とはいえないのですが、行基をしたう人びとの気持ちが、そうした話をつくりだしていったのです。

行基図
諸国を旅した行基がつくったといわれる地図。いろいろな種類があります。

早稲田大学図書館 蔵

農民のまずしさをうたった役人
山上憶良

おもな活動時代	飛鳥時代〜奈良時代
生没年	660年〜733年？
出身地	不明
おもな活動場所	奈良県・福岡県・中国（海外）など

「あおによし奈良の都はさく花のにおうがごとく今盛りなり」とうたわれた平城京の華やかさは、全国各地の農民たちがおさめる税や、労働によって、ささえられていました。

そのために、地方には都からたくさんの役人が派遣されています。
「万葉の歌人」のひとりとして知られる山上憶良も、そんな役人でした。

憶良は、身分の低い役人の家に生まれましたが、学問ができた点をかわれ、遣唐使の一員として唐の都長安にわたりました。この時、42歳だったといわれています。

その後、憶良は引きたてられ、都では皇太子の家庭教師をつとめたこともありました。65歳のころ、筑前国の守（長官）として九州に移りすみました。

地方役人のくらしのなかで

名高い歌人の大伴旅人と出会った憶良は、この九州の地でたくさんの歌をつくっています。

「銀も金も玉もなにせむに まされる宝 子にしかめやも」

　憶良は、子どもよりもすばらしい宝はないと、うたっているのです。子どもや家庭をたいせつに思う気持ちが伝わってきます。

　また、人びとのくらしぶりについては、つぎのようにうたっています。
「荒たへの布衣をだに着せかてに かくや嘆かむ せむすべをなみ」

　わが子にそまつな着物さえきせてあげられない、嘆きの歌です。都の貴族の華やかなくらしとちがって、地方の人びとのくらしは貧しかったようです。

農民のまずしさをうたう

　地方でくらすうちに、憶良自身のまずしさへの嘆きや、子どもや家族を思うやさしさは、貧しい人びとへの同情と共感にそだっていきます。そうしたなかで生まれたのが、有名な「貧窮問答歌」です。この歌は、唐の書の、富者と貧者の対話にヒントを得たと考えられています。

　憶良はこの歌のなかで、自分たちよりももっと貧しい農民のくらしぶりを、「問いかける歌、答える歌」の形でうたいあげています。

　この歌には、「つつしんで申しあげます」という意味のことばが、そえられています。憶良は、農民のくらしの実情を歌にしました。

　このころから、重い税や労働の負担からのがれるために、きめられた土地からにげだす農民がおおくなってくるのです。

▲福岡県の太宰府市役所に建てられている山上憶良の歌碑。
写真提供・太宰府市

「貧窮問答歌」の一部分

　たまたま人間の身として生まれ、人なみに田畑をたがやしているのに、綿もない、ひきちぎれたぼろぎれを肩にかけ、かたむいた小屋のなかにワラをしいて、父母はまくらのほうに、妻や子は足のほうに、おれを取りかこみ嘆き悲しんでいる。

　かまどには煙がたつこともなく、こしき※にはくもが巣をかけている。飯をたくことも忘れ細ぼそと力のない声をだしているのに、ムチを手にもった里長の税をだせという声が、おれをよびたてている。こんなにもどうしようもないものなのか、世の中は。
（いまのことばに訳したもの）

飛鳥時代〜奈良時代

※米などを蒸す器

苦難をかさねて、来日した唐の高僧
鑑真

おもな活動時代	奈良時代
生没年	688年～763年
出身地	中国（海外）
おもな活動場所	奈良県

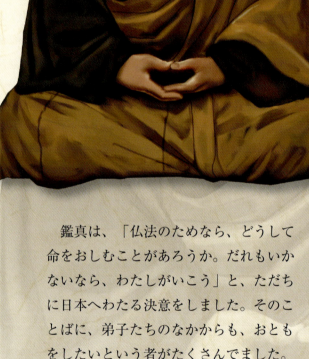

日本へわたってくれる名僧は？

　733年、唐（中国）にわたった2人の僧がいました。留学のためと、日本に戒律（仏につかえる者のまもるべきおきて）をさずける僧をまねく使命をおびた、栄叡と普照でした。唐にわたって9年目、揚州の大明寺で名高い僧のひとり鑑真に会い「日本にきてくださる僧をさがしてください」とたのみました。

　鑑真は、弟子たちに「日本に仏法をひろめようと思う者はいないか」とたずねました。

　「日本にいくには、大海をわたらなければなりません。百にひとつもぶじに行きつく者はないとのことです。とてもむりです」と、弟子たちは、航海の危険をおそれてしりごみしました。

　鑑真は、「仏法のためなら、どうして命をおしむことがあろうか。だれもいかないなら、わたしがいこう」と、ただちに日本へわたる決意をしました。そのことばに、弟子たちのなかからも、おともをしたいという者がたくさんでました。

鑑真の苦難

　そのころ、唐では僧が他国へいくことは禁じられていました。ひそかに渡航の準備をととのえ、出港しようとしたとこ

ろ、密告され、船は取りあげられてしまいました。

それでも、鑑真の決意はかわりません。翌年、ふたたび準備をととのえて出港したところ、こんどは暴風で船がこわれ、失敗してしまいました。

渡航のこころみは、3度、4度とおこなわれますが、そのたびに失敗したり、役人にとらえられてしまいます。748年、5度目の航海の時には、強い風のため中国の南のはし、海南島まで流されてしまいました。

この時、つかれのためか、鑑真は盲目になってしまいましたが、それでも決意はかわりませんでした。

また、栄叡は病気のために亡くなりました。

753年、遣唐使の船がやってきました。この船が帰国するとき、6度目の渡航が準備され、鑑真は遣唐使の副使だった大伴古麻呂の船にひそかにのることができました。

遣唐使の船は、4隻の船団をつくって出港しました。鑑真は第2船にのり、嵐にあいましたが、それでもなんとか沖縄に到着しました。

鑑真は、普照とともに、その年の暮れになって鹿児島に上陸することができま

奈良時代

鑑真の旅の道のり

10年にわたる鑑真の日本への渡海の試みは、六度目にしてようやく成功しました。

鑑真の渡航の試み
― 第2回（743年）
― 第4回（744年）
― 第5回（748年）
― 第6回（753年）

37

▼遣唐使船に乗り込む鑑真一行。（東征伝絵巻）

写真提供・飛鳥園　唐招提寺 蔵

した。中国をでてから1か月半、最初に渡航にいどんでから10年目、鑑真は66歳になっていました。

多くの僧に戒律をさずける

754年、鑑真とその弟子たちは、歓迎されて奈良の都にはいりました。戒律をさずける僧として認められ、聖武天皇〈P26・27〉はじめ440人あまりの僧に戒律をさずけました。

鑑真は755年に、東大寺に戒壇院をたて、そこで三師七証という、10人の僧による厳しいテストに合格した者だけに、僧の資格をあたえるというきまりをつくりました。

これには、反対する僧もいました。鑑真側の僧と反対する僧が奈良の興福寺で対決することになり、おたがいに主張をいいはりました。しかし、「僧となるためのきまりを知らないで、自分できまりをきめていたのでは、きまりはなんのためにあるのか」と問いつめられて、反対する僧はなにも答えられず、鑑真の戒律をうけいれることになったということです。

758年、淳仁天皇は鑑真の功績を認めて大和上という称号をおくりました。その後、鑑真は東大寺の戒壇院での仕事を弟子にゆずり、仏法をひろめる仕事にたずさわることになりました。その仕事をする場所としてたてられたのが唐招提寺です。

763年、鑑真は、唐招提寺で座ったまま、しずかに息をひきとりました。76歳でした。

鑑真がもたらしたもの

鑑真とその弟子たちが日本にもたらしたものは、日本の文化に大きな影響をあたえました。

奈良時代

▲鑑真が建てた唐招提寺（金堂）。
写真提供・飛鳥園　唐招提寺 蔵（2点とも）

▲唐招提寺に収められている鑑真和上坐像。

　唐からもってきた、たくさんのお経の本は、多くの僧によって写され、ひろまりました。とくに天台宗をひらいた最澄〈P48〜51〉は、鑑真の弟子から戒律をうけたといわれています。

　鑑真はお経をよくおぼえていて、目が見えないので、だれかにお経を読ませ、あやまりをただしたといわれています。

　また、鑑真のつれてきた人のなかには、仏師という仏像づくりの専門家がいたようです。唐招提寺にある木彫りの仏像の作り方が、新しい技術としてひろまりました。

　鑑真は、書道の手本ももってきました。中国の書家王羲之の書いた本があり、それを手本にして、書道の本がつくられました。

医祖とよばれる鑑真

　鑑真は医学にもすぐれ、光明皇太后の病気を、唐からもってきた薬でなおしました。また、唐からきた薬を調べて、まちがっているものを、そのにおいでかぎわけたといわれています。

　さまざまな薬をにおいでかぎわけて整理したので、のちに医学をつくった人という意味の、「医祖」といわれるようになりました。

進んだ文化を学び日本をりっぱな国に
阿倍仲麻呂と唐へわたった人びと

おもな活動時代	奈良時代
生没年	698年〜770年
出身地	奈良県
おもな活動場所	中国（海外）

　奈良時代、日本はさかんに唐へ使いを送り、唐の進んだ政治のしくみや文化を取りいれました。この使いを遣唐使といいます。

仲麻呂、はるか日本を思う

　717年の遣唐使船には、唐の大学でおおいに学んで帰ろうとする留学生がたくさんのっていました。20歳の若者、阿倍仲麻呂もそのひとりでした。

　仲麻呂は唐の大学でりっぱな成績をおさめ、唐の高級役人になるための試験、科挙にも合格してしまいました。唐の玄宗皇帝に気にいられ、名も朝衡とあらためて、唐の大臣にまでなりました。

　仲麻呂は、日本に帰ることを願いでましたが、玄宗皇帝はなかなかそれを許さず、やっと帰国が許されたのは、仲麻呂55歳、唐へわたってから35年目のことでした。

　そのとき仲麻呂は、「天の原ふりさけみれば春日なる三笠の山にいでし月かも」と、ふるさとを思う心をうたいました。

しかし、仲麻呂ののった船は、沖縄ちかくで難破し、そのままとおく南のベトナムまで流されてしまいました。唐の都長安へもどるのがやっとで、仲麻呂はついに日本へ帰ることができず、54年間を唐ですごし、73歳で亡くなったのです。

荒海のかなたへ

遣唐使は、飛鳥時代の630年にはじまりました。そのころは、朝鮮半島の西海岸を通って唐にはいる黄海を最短距離でわたるコースがとられていました。ところが8世紀になると、朝鮮を統一した新羅と日本が対立したために、この航路をとれなくなりました。北九州から、直接中国大陸をめざすようになったのです。

目の前には東シナ海の水平線が見えるだけです。この大海のかなたに、めざす唐の国があるのです。どれくらいかかるのか、はたして安全にいきつけるのか、遣唐使の一行は、身のひきしまる思いを覚えたことでしょう。

遣唐使船の航海は、中国へむかう時は夏、帰りは冬がえらばれました。季節風を利用して航海したわけです。しかし、ひとたび天候が荒れればひとたまりもありませんでした。ひろい中国のどこかにはたどりつけても、日本には帰りつけない船が多かったのです。

8世紀には5回の遣唐使船が派遣されましたが、4隻ともぶじに帰ってきたのは、717年の1度だけでした。難破した乗組員は、水死したり、漂着したところで殺されたり、病死したりで、二度と日本に帰ることはありませんでした。

◀ふるさとを思いながら月をながめる阿倍仲麻呂のようすを描いた屏風。（阿倍仲麻呂明州望月図より）

▼百人一首に描かれている阿倍仲麻呂と「天の原〜」の歌
※百人一首などでは「安倍仲麿」とも書かれます。

安倍仲麿

天の原
ふりさけ
見れば
春日なる
三笠の山に
出でし月かも

任天堂株式会社「小倉百人一首嵐山」より

藤原清河とその娘

藤原清河も、阿倍仲麻呂とおなじように、唐で一生を終えた遣唐使です。清河は、中国人を妻にむかえ、喜娘という娘をもうけました。清河が唐で亡くなったのち、喜娘は父の意志をつぎ、危険をおかして父の故郷の日本をたずねてきています。

遣唐使船の乗組員

遣唐使船はふつう4隻で船団をくんでいったので、「四の船」ともいわれていました。乗組員には、朝廷から任命された大使・副使がいました。これには貴族が任命されました。次に通訳や記録をとる事務官がのっています。それに、留学生や留学僧です。中国の進んだ文化をまなぶ、熱意にもえた人たちです。

おもしろい人物ものっています。天体観測や占いをする陰陽師です。この時代の航海は、まだ神がかりだったのです。

船は底のたいらな帆船です。風があれば帆をあげて進みますが、逆風や風のない時は、なん十人もの水夫が櫂をこいで進むのです。ですから、乗組員のなかでいちばん多いのは、この水夫です。船の修理をする船大工や金属工、兵士などものりくんでいました。1回の船団の乗組員は総勢は500人以上になりました。

唐の政治と文化にまなぶ

710年には唐の都長安をまねて奈良の都平城京が完成しました。都づくりには、遣唐使たちの知識が、おおいに役だちました。

遣唐使の主なルート

北路で始まった遣唐使船のルートは、新羅との関係悪化後は南路と南島路に変わりました。

また、
・唐の政治制度の律令制にならって、「大宝律令」をつくる。
・社会のきまりとして、儒学をまなび、ひろめる。
・唐にならい、「古事記」「日本書紀」の歴史書をつくる。
・仏教をまなび、ひろめる。
などの、国づくりに遣唐使は大きな役割をはたしました。

遣唐使が持ち帰った進んだ文化や品物のなかには、シルクロードを通じて世界各地から唐に伝えられたものがありました。それらのものは、いまも奈良東大寺の正倉院に保存されています。

奈良時代

遣唐使が持ち帰った瑠璃杯。　正倉院 蔵（3点とも）

螺鈿紫檀五絃琵琶
現存する最古の五絃琵琶で、インドが起源とされる。螺鈿といわれる技法で駱駝の装飾が施されている。

「日本」
法律のなかで「日本」という国名が使われたのは689年の浄御原令のときからです。〈P25 参照〉
中国は日本を「倭」とよんでいました。倭という字には「小さい」などの意味があり、日本ではきらっていました。

位をさずかった遣唐使船
遣唐使船は唐の技術をとりいれてつくった大型船です。2本の帆柱をもち、およそ200トンぐらいの荷物をつむことができたといわれます。
昼は太陽、夜は星をたよりに方角の見当をつけて進みました。
暴風がふくと漂流したり、難破して目的地につかないことが、しばしばあったせいでしょうか、あるとき、ぶじに帰ってきた喜びから、船が従五位の位をさずかりました。この位は、山上憶良〈P34・35〉がもらった位とおなじものです。

京都に平安京をひらいた天皇
桓武天皇

おもな活動時代	奈良時代〜平安時代
生没年	737年〜806年
出身地	奈良県
おもな活動場所	奈良県・京都府

「革命の年」に天皇になる

　昔、中国から暦が伝わったころ、60年に一度の辛酉の年には、世の中に大きな変化（革命）がおこると考えられていました。このような年、781年に桓武天皇は位につきました。

　桓武天皇は、母が朝鮮からわたってきた人の子孫だということで、天皇にはなれないと考えていました。それで、即位の幸運をつかむと、世の中を思いきって変えてみようと意欲をもやしました。

　「咲く花のにおうがごとく……」と、華やかさをうたわれた奈良の都も、寺院の力が強くなって、天皇の政治に都合が悪くなってきました。

　一方、東北地方のエミシとよばれた人びとは、アテルイ〈P47参照〉のもとに団結し、朝廷の支配に反対していました。天皇はたびたび軍隊をだしましたが、負け戦の知らせばかりがとどいていました。

　「悪いことばかりがつづく。都をかえれ

ば、人びとの心もかわって、新しい政治ができるかもしれない」と考えた桓武天皇は、784年に、都を長岡（京都府）に移しました。

長岡京から平安京へ

長岡京でも、よいことはおこりませんでした。都づくりの責任者にと天皇がたよりにしていた藤原種継が、なに者かに暗殺されました。

天皇は、弟の皇太子があやしいといって、天皇は皇太子をやめさせました。皇太子はまもなく自殺しましたが、こんどは人びとの間で、「かれは無実だ」という声がひそかにささやかれました。

このころから天皇のまわりにえんぎのわるいことがつづきました。天皇の母や皇后の急死、新しい皇太子の病気。天皇自身も死んだ皇太子の亡霊になやまされたといいます。桂川のはんらんや悪い病気も流行しました。このために、792年に長岡京づくりは中止になりました。

794年、天皇はふたたび都を移しました。美しい自然にめぐまれ、四方から都にくるのにも便利、しかも山と川にかこまれて敵をふせぐのに都合のよい土地として、山背国（のち山城国・現京都府）がえらばれました。都づくりには秦氏など山背国に住む、大陸からわたってきた渡来系地方豪族の協力があったといわれています。新しい都は、「世の中がいつまでも平和で安らかであってほしい」というねがいから、「平安京」と名づけられました。

新しい都「平安京」

平安京の大きさは、東西が約4500メートル、南北が約5200メートル。手本とした唐の都長安の約4分の1の大きさですが、平城京よりは、ひと回り大きくつくられました。皇居や役所のある大内裏を中心に、整然とつくられています。中央を朱雀大路が走り、東が左京、西が右京です。

征夷大将軍とよばれた男
坂上田村麻呂

おもな活動時代	奈良時代〜平安時代
生没年	758年〜811年
出身地	不明
おもな活動場所	奈良県・京都府・東北地方

エミシの抵抗

　東北地方の人びと（エミシ）は、奈良時代にはいっても朝廷の政治にしたがおうとしませんでした。

　そこで、朝廷は多賀城（宮城県）をきずいて、東北地方の支配をおしすすめようとしました。

　一方、エミシは、朝廷の支配をうけて、税をとられたり、自由がうばわれることをきらいました。8世紀の末には、朝廷から使わされていた役人を殺し、多賀城に火をつけて焼いてしまうなど、はげしく抵抗をしました。

アテルイと田村麻呂

　桓武天皇〈P44・45〉は、坂上田村麻呂を「征夷大将軍」に任命しました。

　801年、田村麻呂は4万の兵をひきいてエミシを攻めます。アテルイを中心とするエミシのはげしい抵抗に苦戦しながらも、北上川をさかのぼり、ようやく胆沢地方（岩手県）を征服します。翌年には

胆沢城の建設にかかりました。
　はげしい戦いののち、アテルイはついに抵抗をあきらめ、500人あまりをひきいて降伏しました。
　田村麻呂は、アテルイをつれて都にがいせんします。その後は、アテルイの力を利用しながら、東北の支配を進めたいと考えていた田村麻呂に対し、朝廷はそれを認めず、アテルイを河内（大阪府）で処刑してしまいました。
　朝廷には、さらに東北奥地へ軍を送る計画がありました。ところが、いま人びとを苦しめているのは、エミシとの戦争と平安京づくりであると、その中止をもとめる声があがりました。805年、この2つの政策の中止が決定され、人びとは兵役や重税の苦しみからまぬがれることができたのです。

征夷大将軍

　田村麻呂は、大陸からわたってきた一族の出身で、父の苅田麻呂も武勇にすぐれていました。エミシの征服には、武力でおさえるだけでなく、融和政策（うちとけて、なかよくすること）をとったといわれています。田村麻呂がいれば猛獣もこれをおそれ、わらえば赤ん坊もなつくと伝えられています。
　のちに武士の模範として人びとからあがめられ、そこから「征夷大将軍」の名は、源頼朝〈P70〜73〉や徳川家康〈2巻P64〜67〉に代表されるように、幕府の首長をあらわすことになります。
　もともとは、エミシ（蝦夷）を征討する（やっつける）役人という意味でした。

奈良時代〜平安時代

エミシをひきいたアテルイ

　したがわない者たちを力で征服してきた朝廷は、まだ支配できずにいる東北の地と、そこにくらす人びとを、「エミシ」とよんでいました。
　エミシたちには、勝手にやってきて城をきずき、税を取りたてたりする朝廷の軍とは、はげしく戦い、自分たちの土地やくらしをまもろうという気持ちがありました。人びとは各地で抵抗しましたが、そのリーダーのひとりがアテルイでした。
　789年、アテルイひきいるエミシたちは、北上川ぞいに攻撃してきた5万3000の朝廷軍を、さんざんな目にあわせています。794年には10万、さらに801年に4万の朝廷軍と戦い、ついにアテルイは力つき、坂上田村麻呂の軍に捕われたのでした。

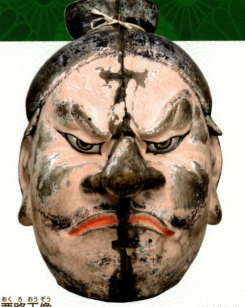

悪路王像　　　　　　　　　　鹿島神宮 蔵
坂上田村麻呂の伝説に悪役として登場する人物。この悪路王が、アテルイではないかといわれています。

新しい仏教を中国から伝えた2人の名僧

最澄と空海

おもな活動時代	平安時代
生没年	最澄：766年?～822年 空海：774年～835年
出身地	最澄：滋賀県 空海：香川県
おもな活動場所	最澄：滋賀県ほか 空海：和歌山県・四国地方・中国（海外）

最澄　空海

遣唐使船にのって

　平安京ができてから10年目の804年の春、27年ぶりに遣唐使の船団が海をわたりました。最澄と空海は、べつべつの船ですがこの遣唐使船にのっていました。最澄は遣唐使の長官として、空海は留学生として新しい仏教を学びとるために、朝廷から派遣されたのです。
　4隻からなるこの船団は、大嵐にあいました。そして、2隻は海にしずんでしまいましたが、最澄と空海ののっていた船は、幸運にも、中国にたどりつくことができました。そして2人は、べつべつのお寺で勉強をしたのです。

天台宗をひらいた最澄

　最澄は近江国分寺の僧でしたが、故郷にちかい比叡山にこもって、12年も山をおりずに、きびしい修行をしました。その後、鑑真〈P36～39〉がもたらしたお

経をうつし、「法華経」を中心にまなびました。このお経をよりどころとする天台宗は、日本にはまだ伝わってはいませんでした。

最澄は、桓武天皇〈P44・45〉からあつい信頼をうけていました。奈良の仏教から自由になって政治をしていこうとして都を移した天皇は、新しい都のちかくにそびえる比叡山で修行する最澄を、たのもしく思っていたのです。そして、天台宗を日本に伝えるようにと、最澄を唐に送ったのでした。

唐にわたった最澄は、浙江省にある天台山の国清寺などでまなび、翌年には、はやくも帰国します。そして、その翌年には、日本で天台宗をひらくことができたのです。

真言宗を伝えた空海

空海は、役人になるための勉強をやめて、山のなかでの仏教の修行につとめた僧でした。

彼は、唐語（中国語）も自由に話せるようになっていましたし、文章もうまく、すぐれた字を書くことができました。このために、唐へいっても不自由はしませんでした。

空海は、長安の青龍寺で、恵果から真言宗をまなびました。真言宗は、大日如来や不動明王など、まだ日本では知られていない仏たちをまつっているのです。そして、人びとの願いをよくかなえていただけるのだ、と信じられていました。

恵果は、空海のすぐれた才能を認めて、自分が教えられることをすべて教え、「おまえは、はやく帰国して、真言宗を日本でひろめるがよい」といいました。そして、まもなく亡くなったのです。空海は、20年間唐で勉強する予定でしたが、真言宗のお経や仏像、仏具をととのえるために、その費用をすべて使ってしまいました。そして、唐にわたってから2年後の806年に帰国したのです。

伝教大師

桓武天皇が亡くなったあと、最澄はくるしい立場にたたされました。桓武天皇から信頼されている最澄をねたんでいた奈良の僧たちが、彼をおさえつけてきたからです。このため、比叡山の寺をまもることもむずかしくなりました。

しかし最澄は、仏の前ではだれもが平等なのだという天台宗の教えをまもって、身分や能力の差別を認める法相宗（奈良の有力な宗派）の僧と論争をつづけました。最澄は、多くの仕事をのこしたまま、亡くなりました。そこで、弟子たちががんばって、比叡山を奈良の寺にかわる、日本仏教の中心にそだてあげます。そして、この寺は朝廷から延暦寺という名をあたえられ、最澄も「伝教大師」という特別の名をおくられました。

密教

空海が伝えた、これまでの流れとはちがう仏教を、密教といいます。そこで使われる仏像や絵画は、独特のふんいきをもち、密教美術とよばれます。

平安時代

▲延暦寺。最澄が伝えた天台宗の総本山。

写真提供・延暦寺

弘法大師

　空海は、最澄とはちがって、逆に、奈良の寺々にも真言宗の影響をあたえました。そこには、空海の人がらということもあったでしょう。それとともに、真言宗のいのりが人びとの願いをよくかなえてくれると信じられたこと、嵯峨天皇や貴族たちのあつい信仰をえていたからでした。

　空海は、紀伊国（和歌山県）の高野山に金剛峯寺をたてました。和気氏からは都のちかくの高雄山寺（いまの神護寺）をあたえられ、また、朝廷がたてた平安京の2つの寺のひとつ、東寺もあたえられました。そして、都の周辺に、次つぎと真言宗の寺がたてられるようになりました。

　空海は、土木工事の技術も身につけていました。そして、朝廷の命令で、故郷の満濃池の改修にも力をつくします。空海は、のちに「弘法大師」の名があたえ

られました。今日、各地に、弘法大師がたてたお寺だとか、ほった井戸だとかという話がのこっています。それらの多くは伝説ですが、空海が、のちのちの人たちにも、したわれていたことを物語っているといえましょう。

▲金剛峯寺。空海が高野山（和歌山県）に建てた寺。

写真提供・金剛峯寺

延暦寺と僧兵

　その後、律令制度がゆるむにつれて、比叡山延暦寺の僧たちは、武力をもつようになりました。こうした僧たちを僧兵といいます。平安時代の末には、延暦寺、園城寺（大津市）、興福寺（奈良市）などの僧兵が乱暴をはたらき、朝廷からも民衆からもおそれられました。

◀鎌倉時代にえがかれた絵巻に登場する興福寺の僧兵（天狗草子絵巻模本）

東京国立博物館蔵　Image：TNM Image Archives

学者から大臣、そして学問の神さまになった
菅原道真(すがわらのみちざね)

おもな活動時代	平安時代
生没年	845年〜903年
出身地	奈良県・京都府、諸説あり
おもな活動場所	奈良県・京都府・香川県・福岡県

学者で政治家

　菅原道真の家は、貴族のなかでも、代々学者になるという家がらでした。道真は、詩や文章がうまく、多くのすぐれた作品をのこしています。『三代実録』という歴史の本を編集する仕事もしています。政治家としても、讃岐の国(香川県)の守となって地方の国をおさめたりしました。

　また894年、遣唐使をつかわすのをやめようとする意見をだして、実現させています。唐の国(中国)がおとろえるとともに、唐の商船がやってくるようになったので、高い費用をかけ、危険をおかしてまで、遣唐使船をだす必要がなくなっていたからでした。

平安時代

九州へ追放される

道真をとくに信頼していたのが宇多天皇です。しかし、この天皇は子どもの醍醐天皇に位をゆずって出家し、仁和寺にはいってしまいます。

道真は右大臣になりましたが、左大臣の藤原時平は、道真の地位をうばおうとして、醍醐天皇につげ口をしました。
「道真は陛下をやめさせて、自分の娘をきさきとしている親王を、天皇にしようとしています」

901年、醍醐天皇はおこって、道真を九州の大宰府へ追いはらってしまいました。道真は、九州へ旅だつ時、屋敷の梅の木を見あげて、歌をよみました。
「東風ふかば匂いおこせよ梅の花主なしとて春ぞ忘るな」

東の風（春風のこと）にのせて、この梅の香りを大宰府へとどけてほしい、という願いをこめた歌です。そして道真は、2年後には大宰府でさみしく亡くなりました。

菅原道真のたたり？

909年に、道真をおとしいれた藤原時平が39歳の若さで亡くなりました。また醍醐天皇のまわりでも悪いことがあいつぎました。923年、925年とつづいて皇太子が亡くなります。こうなると、道真のたたりだということがいわれて、おそれられるようになりました。

醍醐天皇は、道真に正二位という高い位をおくり、九州へ追いはらった時の詔書をやぶりすてました。ところが、930年、御所の清涼殿に雷がおちて、天皇の目の前で多くの死傷者がでました。天皇は恐怖のあまり病気になり、位をゆずったあと、まもなく亡くなりました。

天神さま

人びとは、道真のたましいが天神（雷のこと）になって、うらみをはらしているのだ、とおそれました。そして、平安京のすぐ北の北野に、道真をまつる北野天満宮をたてて、たたりのないようにといのりました。また、道真をほうむった大宰府のお寺も、のちに太宰府天満宮となりました。その後、全国に1万社以上も、天満宮とか天神さまとよばれる、道真をまつる社ができました。

しかし、時代がたつとともに、道真のたたりの話はわすれられ、天満宮は学問の神さま、受験の神さまということになったのです。それは、道真がすぐれた学者であったということが、思いおこされたからでした。

▲菅原道真を天満大自在天神としてまつる北野天満宮。

写真提供・北野天満宮

大宰府…奈良・平安時代に筑前国（今の福岡県）に置かれた役所。現在の地名は太宰府と書きます

武家政治のとびらをひらいた関東の風雲児
平将門

おもな活動時代	平安時代
生没年	？〜940年
出身地	不明
おもな活動場所	茨城県・千葉県

戦乱のはじまり

　890年、桓武天皇〈P44・45〉のながれをくむ高望王が上総国（千葉県の一部）の国司として関東各地に勢力をひろげていました。
　平将門も、桓武平氏とよばれたその一族のひとりでした。
　将門は、若いころ京都にでて藤原氏につかえていましたが、その間に、おじの平国香に領地をうばわれてしまいました。
　将門は、まずしい農民や、よそから逃げてきた農民をあつめて、開拓をはじめました。開拓が進むにつれ、農民をたいせつにする将門の人気がたかまり、将門のもとに人があつまってきていました。
　935年（承平5年）、将門の勢力が大きくなるのをおそれた、国香とその仲間は、大軍をひきいて将門に攻めかかりました。将門はこれをうちやぶり、平国香を殺しました。
　将門の武勇が評判になると、つねづね朝廷のやりかたに不満をもっていた関東

各地の豪族たちから、国司とのもめごとを解決してほしいと、相談がもちこまれるようになりました。

将門、新皇を名のる

939年（天慶2年）、国香の仲間に味方した国司との争いから、将門は常陸国（茨城県）の国府（役所）を攻めおとしました。つづいて下野国（栃木県）、上野国（群馬県）の国府も攻め、将門は北関東一帯を支配することになりました。

ワイロをもらって都で遊びくらし、農民から重い税だけをとりあげ、反抗すれば血と汗で開墾した土地をうばうような朝廷とその役人たち。そんな政治にがまんできなかった、関東の人びとの気持ちにささえられながら、「反逆者」となった平将門は、新しい天皇という意味の「新皇」を名のり、朝廷と対立する新政府を関東にうちたてました。

おどろいた朝廷は、関東の豪族に「将門を討て」と命令しました。翌年、下野国の豪族藤原秀郷と殺された国香の息子平貞盛の軍の奇襲攻撃をうけた将門は、茨城県の猿島で戦死しました。

将門の首は京都に送られ、四条河原でさらしものにされ、貴族たちはひと安心しました。

しかし、このころから、開拓を進めて農作物をつくり、武力をも持っている自分たちこそが、ほんとうの実力者だという自覚が、豪族たちのなかに生まれてきました。250年ののち、源頼朝〈P70〜73〉を頭にして貴族の世の中を打ちたおした関東の武士団（豪族の集団）は、こうした生活と戦乱のなかでつくられてくるのです。

将門の首塚

東京都千代田区1丁目、皇居前のビル街の一角に、「将門の首塚」があります。

京都でさらされていた将門の首は、ある嵐の夜、胴をもとめて空をとび、力つきてこの場所におちたと伝えられています。御茶ノ水駅近くの神田明神には将門がまつられており、江戸っ子の信仰を集めてきました。

将門をしたう人びとは、その霊をおそれるとともに、自分たちの守り神として、ここにお宮をつくったのでしょう。

▲今も多くの人の信仰を集めている将門の首塚。
写真提供・一般社団法人 千代田区観光協会

平安時代

貴族をふるえあがらせた瀬戸内の海賊
藤原純友（ふじわらのすみとも）

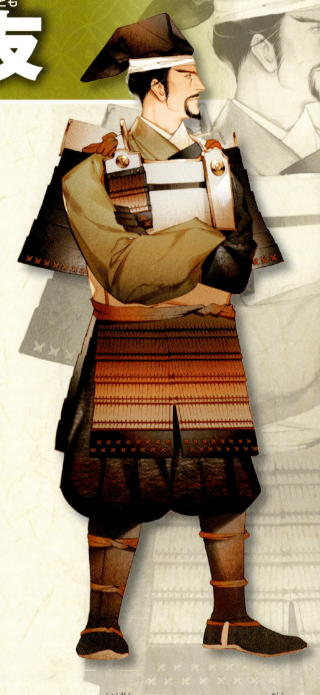

おもな活動時代	平安時代
生没年	？〜941年
出身地	不明
おもな活動場所	愛媛県・瀬戸内海〜九州沿岸

南海の海賊の首領

　日振島は、伊予国（愛媛県）宇和島の沖にうかぶ小島です。平安時代の終わりごろ、海賊の根拠地のひとつとなっていました。

　海賊といっても、日ごろは漁民で、漁のかたわら、海辺のわずかな土地をたがやしてくらしている者たちでした。重い税と労役に苦しみ、チャンスがあれば海賊に変身したのです。彼らは、しばしば都へ運ぶとちゅうの物資（租税）をうばいました。

　藤原純友は、当時の政治をひとりじめにしていた藤原氏の一族ですが、本当の親は伊予の豪族です。純友は京にのぼり、国司に任命されて伊予国にきていたのです。

　海賊は集団で行動しますが、その頭は、よく貴族の名をかたって力をほこったりします。伊予の海賊たちは、国司としてやってきた純友をかつぎあげました。純友は日振島を基地にして、またたくまに

藤原純友がたどった経路

純友は海賊を率い、各地で朝廷に対する反乱をおこしながら京をめざしました。

そうと兵をだしました。瀬戸内海や九州の各地で朝廷軍と純友軍とははげしく戦いました。941年、純友は力つきて殺されてしまいました。

平将門がおこした反乱と藤原純友の反乱とをあわせて、「承平・天慶の乱」とよんでいます。

このころには、古代の政治の根本のひとつであった班田収授がうまくいかなくなり、朝廷は税を集めるのに苦しむようになりました。

瀬戸内海一帯の海賊をとりしきる大首領になったのです。

大あわてした都の貴族たち

939（天慶2年）、備前国（岡山県）の国司藤原子高を純友らがおそい、子高がとらえた海賊にやっていたように、耳を切り、鼻をそいでしまいました。この知らせは、都の貴族たちを恐怖におとしいれました。

なぜなら、それより少し前に、関東で平将門〈P54・55〉が国司を追いはらって、「新皇」を名のったという事件が、伝えられていたからでした。純友の反乱は都に近かったため、朝廷や貴族たちは、いまにもおそわれるのではないかと、おそれおののきました。

純友も将門の事件を聞いていて、都に攻めのぼる気持ちがあったようです。翌940年、将門がたおされた知らせを聞いて、ひるんだと伝えられています。

朝廷は、これを機に純友らをほろぼ

日振島

瀬戸内海、豊後水道の潮流にあらわれ、全島ほとんど山ばかりのこの島は、当時、天然の城のようでした。いまは宇和島港から船がかよい、漁業がさかんです。純友の砦跡に、碑が建てられています。

写真提供・宇和島市観光協会

栄華をほこり、貴族の頂点にたった男
藤原道長

おもな活動時代	平安時代
生没年	966年～1027年
出身地	京都府
おもな活動場所	京都府

荘園のひろまり

　奈良時代には、自分でひらいた土地は自分のものにしてよいことになりました。飛鳥時代につくられた律令制度のうち公地公民のしくみがくずれだしたのです。
　平安時代も11世紀ごろになると、地方豪族のなかに、土地を農民たちに切りひらかせて、田や畑とし、それを私有地とする者たちがでてきました。豪族たちは、こうして手にいれた私有地が、国司に没収されるのをふせぐために、有力な貴族や寺社などにおくって、まもってもらおうとしはじめます。こうして有力な貴族や寺社のもとに集まるようになった私有地を「荘園」といいます。

のびる藤原氏の勢力

　このころ政治の上では、どういうことがおこったのでしょうか。
　だれの目にもはっきりとわかることは、藤原氏が政治の上で大きな力をもってきたことです。
　藤原氏は、大化の改新にてがらをたて

た中臣鎌足〈P20～23〉（のちに天皇から藤原の名前をもらう）の時から、たくさんの土地を国からあたえられていました。

そのうえ、藤原氏の力が強くなると、自分の荘園を藤原氏におくって、自分の地位を認めてもらおうとする者がふえていきました。こうして藤原氏は、国からさずかった領地からはいるたくさんの収入のほかに、荘園からの収入もふえて、豊かになっていきました。

藤原氏は、一族内での争いののち、ほかの有力な貴族をけおとして、皇族でない身分で初めて、天皇にかわって政治をとる「摂政」や「関白」となります。これを「摂関政治」とよんでいます。

満月の夜

藤原氏の勢いは、藤原道長の時にもっとも強くなりました。

1018年秋、満月のかがやく夜のことです。道長の屋敷には、大勢の貴族たちが集まっていました。その貴族たちの前で、道長はこんな歌をよみました。

道長の出世術

貴族たちは、出世するためには、兄弟、親戚とも争いました。道長も例外ではありません。道長は兄弟と争ったり、甥たちを罪におとしいれたりして、出世コースにのっていきます。また道長は運の良い男でもありました。兄たちが関白の位についたものの、すぐに伝染病で亡くなってしまったのです。

天皇と変わらない権力をもった道長は、自分の孫を天皇にするために、気にいらない天皇には、はやく位を皇太子にゆずるようにと、要求もするのです。

退位をせまられた天皇は、ある冬の夜、
「心にも あらで 憂き世を 永らえば
　恋しかるべき 夜半の月かな」

これから先、自分の気持ちに反して、このつらい世の中を生きてゆくことになるだろう。今夜の月をなつかしく思うことだろう——、と歌によみました。

同じ満月を歌によみながら、道長とはなんというちがいでしょうか。

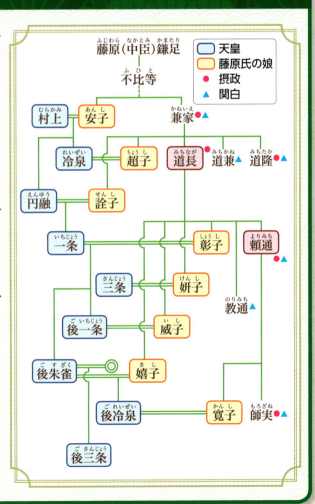

平安時代

天皇を迎える藤原道長

▼娘が嫁いだ一条天皇を自宅に迎える準備をしている藤原道長をえがいた絵巻の一部。（紫式部日記絵詞）

藤田美術館 蔵

「この世をば　わが世とぞ思う　望月の　欠けたることも　なしと思えば」

　この世の中は、ぜんぶ自分の思いどおりになる。満ちたりた満月のように――というのです。

　この席に集まった貴族たちは、2度、3度、この歌を合唱して、道長の幸福をたたえたと伝えられています。

　得意満面で歌をよんだ道長には理由があるのです。

　この日は、道長の3番目の娘の威子が天皇のきさきになった日だったのです。やがて、道長は、摂政という貴族のもっとも高い位についたばかりでなく、4人の娘をぜんぶ天皇のきさきとし、3人の天皇を孫としてもつことになります。

　道長は、自分の子どもや気にいった者たちを、どんどん高い地位につけました。そして、さらに多くの荘園が道長に寄付されていきました。

　ある貴族がこうしるしています。

「天下の土地はことごとく摂政（道長のこと）の領地となり、国家の土地は、まったくなくなったのだろうか。かなしい世の中だ」と。

道長の邸宅

　道長の家が焼けたとき、全国の国司たちが争って上京し、ひとりが一間（約1.82メートル）ずつうけもち、全国の荘園から農民たちが労働力としてさしだされ、家を再建したといいます。また、新しい屋敷にはこびこまれた家具や日用品のすばらしさと、数の多さに、都の人び

とはおどろいたといいます。
　国の役人である国司や、荘園で働く農民たちも、道長の家来のようなものでした。

　この世の幸福をひとりじめしたような道長も、病気には勝てなかったようですが、彼は何を考えながら一生をとじたのでしょうか。

藤原家の邸宅
道長の父である兼家が住んでいた邸宅「東三条院」の復元模型。寝殿とよばれる建物を中心として左右に建物が並び、正面に池がある「寝殿造」とよばれるつくりになっています。寝殿造の家に住めるのは、身分のたいへん高い貴族だけでした。

写真提供・京都府京都文化博物館

藤原頼通と平等院鳳凰堂

　この美しい建物は、まぼろしの鳥「鳳凰」を屋根にのせていることや、堂全体がつばさをひろげた鳳凰に似ているところから、鳳凰堂とよばれています。1053年、道長のむすこ藤原頼通によって、平等院（京都府宇治市）の阿弥陀堂として、たてられました。
　鳳凰堂の姿を池にうつしとった庭園の美しさから、極楽浄土を地上につくりだそうとした頼通の思いが伝わってきます。

写真提供・平等院

宮廷のはなやかな生活をえがいた女性作家

紫式部と清少納言

おもな活動時代	平安時代
生没年	紫式部：978年？〜1016年？ 清少納言：不明
出身地	紫式部：京都府？ 清少納言：不明
おもな活動場所	京都府

清少納言

紫式部

天才少女、紫式部のおいたち

　紫式部の本名は、わかっていません。生まれた年も、なくなった年もはっきりしません。父の藤原為時は、式部丞という役目の、位のひくい貴族でした。
　男性中心の社会では、女の子は、「式部のむすめ」というぐらいのよび方しかされていなかったのです。
　位はひくくても、式部の父も祖父もすぐれた学者でした。式部は幼い時から、兄の勉強をそばで聞いていて、兄よりもさきにおぼえてしまうほど、かしこかったといいます。

父の為時はためいきをついて、「ああ、この子が男であったなら、すばらしい学者になれるだろうに……」となげきました。

『源氏物語』を書く

　式部は20代なかばで、父の友人の藤原宣孝と結婚します。20歳以上も年のはなれた夫でしたが、しあわせにすごし、女の子が生まれました。しかし、夫の愛情ははなれ、3年ほどの結婚生活ののち、宣孝は死にました。式部は、さびしさを

62

平安時代

まぎらわすためでしょうか、亡くなってみれば、なつかしく思い出される夫との日々に心が動くのでしょうか、物語を書きはじめます。

「いつの世のことでございましょう。おおぜいのお妃がおいでになるなかで、さほど高貴な身分でもない方なのに、帝の愛情を一身にあつめておられる方がいらっしゃいました。その方を桐壺の更衣ともうします」

という書きだしではじまる『源氏物語』の筆をとったのは、式部が25歳のころでした。

式部、天皇の妃につかえる

『源氏物語』は都の評判になりました。都で最高の権力をもつ藤原道長〈P58～61〉は、式部を一条天皇の妃、彰子（道長の娘）の女官に取りたて、学問の先生にしました。

宮廷で、貴族とまじわる式部の体験が、物語をいっそうおもしろくし、第1巻が書きおわると、次の巻をさいそくされるしまつでした。

光源氏を取りまく宮廷の美女たちとの物語に、都の人びとは興奮します。式部は筆を休めることができませんでした。

『源氏物語』の展開

帝に愛された美しい桐壺のはかない死、のこされた王子、光源氏が宮廷の女性たちのなかでくりひろげるはなやかな生活。

物語は、光源氏から、その子や孫へ、光源氏の死後の世界まで、80年にわたっ

主人公は光源氏

物語のなかで、桐壺は帝にとって第2の王子を生みます。多くの女性たちからつめたい目でみられた桐壺は、まもなく、悲しみのうちに、この世をさりました。

帝は深く悲しみ、のこされた王子をだいじに育てました。王子は「光君」とよばれるほど美しい少年になりました。やがて、「源氏」の姓をあたえられ、光源氏とよばれるようになった青年が、この物語の主人公です。

▲生まれたばかりの我が子・薫を胸に抱く光源氏。（源氏物語絵巻）

徳川美術館所蔵　©徳川美術館イメージアーカイブ／DNPartcom

源氏物語絵巻
この物語を12世紀ごろに、みごとな絵巻物にあらわした『源氏物語絵巻』の一部は、現在国宝としてのこされています。物語の各場面をえがいた絵と、その場面を説明する「詞書」という文章を交互に繰り返しながら絵巻にまとめています。

徳川美術館所蔵　©徳川美術館イメージアーカイブ／DNPartcom

て展開します。
　全54帖（巻）にまとめ終えたのは、式部が30歳のころと思われます。その後もしばらくは彰子につかえましたが、まもなく、宮廷をさります。やがて式部は、体調をくずし、40歳ごろ亡くなったようです。

いまでも人気のロングセラー
　最近でも、この一大長編ロマンを現代のことばになおして、『源氏物語』を著す作家がいます。
　しかし、読者をなやますのは、かぞえきれないほどの登場人物です。ひとりひとりがみな主役なのです。しかも、たいへん複雑な人間関係なのです。
　それでも、彰子のもとで宮づかえした紫式部が、ちょくせつ体験した宮廷のくらしのようす、人びとの喜びや悲しみ、都の風景や衣食住のようす、当時もいまも、その魅力にひかれる人はおおいのです。

王朝のライバル、清少納言
　紫式部のライバル、もうひとりの王朝の天才少女が、清少納言です。清少納言

も生死の年がはっきりしませんが、清原元輔という中級貴族の娘として生まれました。学問にすぐれた父から中国の学問まで学びました。

式部より10年ほどはやく、宮廷につかえていました。宮廷生活のなかで見たり聞いたりしたことを、うつくしい文章であらわした『枕草子』は、宮廷内の人びとの評判になりました。しかし、つかえていた妃の不幸がかさなり、10年たらずで、宮廷をしりぞきました。

式部はその日記のなかで、「清少納言って、なんて高慢ちきで、へんな人。りこうぶって、なにやら気どって書いているけど、殺風景でつまらない」などと、きびしい批評をしています。

夜をこめて
鳥の空音は
はかるとも
世に逢坂の
關はゆるさじ

清少納言

▲清少納言は、紫式部と並んで小倉百人一首の歌かるたにも登場しています。
任天堂株式会社「小倉百人一首嵐山」より

ひらがなと女性

漢字しかなかった昔は、こまかい感情や情景をあらわすのに苦労しました。ひらがなが使われるようになっても、漢字こそ男の文字で、ひらがななどは女文字だと、けいべつする人もいました。

しかし、女性の手によってすぐれた日記や物語があらわされるようになり、世間の評判になると、ひらがなは急速にひろまりました。

▶ひらがなは、漢字からつくられました。

安あ	以い	宇う	衣え	於お
加か	幾き	久く	計け	己こ
左さ	之し	寸す	世せ	曽そ
太た	知ち	川つ	天て	止と
奈な	仁に	奴ぬ	祢ね	乃の
波は	比ひ	不ふ	部へ	保ほ
末ま	美み	武む	女め	毛も
也や		由ゆ		与よ
良ら	利り	留る	礼れ	呂ろ
和わ	為ゐ		恵ゑ	遠を
无ん				

「奥州(おうしゅう)」に京(きょう)におとらぬ文化の都(みやこ)を

藤原清衡(ふじわらのきよひら)

おもな活動時代	平安時代(へいあんじだい)
生没年(せいぼつねん)	1056年～1128年
出身地	岩手県(いわてけん)
おもな活動場所	岩手県

藤原清衡(ふじわらのきよひら)、奥州(おうしゅう)をおさめる

　平安時代(へいあんじだい)のなかばごろ、奥州(おうしゅう)(東北地方(とうほくちほう))で大きな争乱(そうらん)がつづきました。安倍(あべ)氏(し)の反乱(はんらん)「前九年(ぜんくねん)の役(えき)」(1051～62年)と、清原(きよはら)一族(いちぞく)の勢力争(せいりょくあらそ)いからはじまった「後三年(ごさんねん)の役(えき)」(1083～87年)です。この争いに勝ち、奥州をおさめることになったのが、この地方の豪族藤原清衡(ごうぞくふじわらのきよひら)です。

　清衡は奥州に平安京(へいあんきょう)のような大きな都(みやこ)をきずこうとしました。この夢は、息子の基衡(もとひら)、孫の秀衡(ひでひら)にもうけつがれ、奥州(おうしゅう)藤原氏(ふじわらし)の本拠地(ほんきょち)である平泉(ひらいずみ)(岩手県(いわてけん))は京都(きょうと)につぐ大きな都(みやこ)になりました。奥州藤原氏は三代にわたって栄(さか)え、約100年間、奥州に平和がつづきました。

奥州(おうしゅう)藤原氏(ふじわらし)の力のみなもと

　清衡が、大きな都をきずくことができた、その理由は、清衡の豊(ゆた)かな経済力(けいざいりょく)にありました。

　当時、奥州は日本で唯一(ゆいいつ)の砂金(さきん)の産地(さんち)

でした。奈良時代につくられた東大寺の大仏にも、奥州の砂金を使いました。清衡はこの金をもとに、京都から進んだ文化や学問をとりいれました。金は貴族たちにとっても魅力あるものでした。

清衡はこの金を使って、豊かであった宋（中国）との貿易にも力をいれました。

また、奥州は名馬の産地でもありました。都の貴族たちは、奥州の馬にまたがり、その勢いをほこることを好みました。奥州から生まれるこうした産物が、清衡の経済力のもとになっていたのです。

「奥州」の黄金の文化

清衡が、戦いで死んだ人びとのたましいをなぐさめるためにたてた寺が中尊寺です。現在でも金色堂がのこっています。金色堂の壁には金箔がほどこされ、まばゆいばかりの美しさです。金色堂は、藤原道長〈P58〜61〉のたてた法成寺の阿弥陀堂を、まねたものであるといわれて

います。そのほかにもお寺や塔が40以上もたてられ、また、僧が寝とまりする建物が300以上もありました。

中尊寺は、清衡が奥州にきずきあげた、平泉文化の代表的建築物です。そして清衡の子、基衡は中尊寺よりもさらに大きい毛越寺をたて、平泉文化は全盛期をむかえます。

平安時代

奥州藤原氏の滅亡

源頼朝〈P70〜73〉が鎌倉に幕府をひらいた後、頼朝の怒りをかった弟源義経〈P70〜73〉は、藤原氏をたよって奥州ににげてきます。

藤原秀衡はあたたかく義経をむかえましたが、秀衡の死後、その子泰衡は頼朝をおそれて義経を殺してしまいます。

しかし、源頼朝は藤原氏が義経をかくまったことを理由に、大軍をひきいて平泉に攻めこみました。栄華をほこった奥州藤原氏も、四代目泰衡を最後に滅んでしまうのでした。1189年のことです。

中尊寺金色堂

中尊寺金色堂の仏像をまつった3つの壇の下には、木棺があって、清衡、基衡、秀衡の3人の遺体が納められています。

秀衡の遺体のかたわらには、秀衡の子泰衡の首級もあります。泰衡の首は、死んだ後できりおとされ、くぎを打ちつけてさらし首にされたのですが、秀衡の棺のかたわらに首棺に入れて納められました。

1950年の調査の結果、清衡は身長159センチメートルくらい、やせがたで鼻すじがとおっており、どちらかといえば貴族的な雰囲気の人であったということです。

▲中尊寺金色堂の阿弥陀三尊像。この下に、遺体が納められています。

写真提供・中尊寺

武士の時代のさきがけ、平氏のリーダー
平清盛

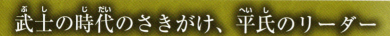

おもな活動時代	平安時代
生没年	1118年〜1181年
出身地	京都府
おもな活動場所	京都府・兵庫県ほか

武士が政治の舞台に

　平安時代の末期は、力のある貴族が自分の土地と富をふやしていきましたが、一方、実際に地方で土地を管理し、税を集める仕事にあたる者たちが、武士となって力をましていました。

　そうしたなかに登場してきたのが、2つの大きな武士集団、源氏と平氏でした。これまでは貴族の命ずるままに働く兵でしかなかった武士が、朝廷を二分する保元の乱（1156年）をきっかけに政治に参加するようになりました。そして、それにつづく平治の乱（1159年）の結果、平氏が源氏をおさえて中央政界で力をもつことになります。

　平氏のリーダー清盛は、1167年太政大臣となって政治の実権をにぎりました。

　清盛は自分の一族を天皇や貴族の親戚にして、これまでの貴族とおなじように力をひろげました。その勢いは大変なもので、「平氏でないものは、人ではない」といわれるほどでした。

平安時代

二つの乱を経て平氏が台頭

1156年、天皇家、藤原家、それぞれの権力をめぐる内部対立が、天皇家、藤原家、平氏、源氏、どの一族をも真っ二つにわっての戦いとなりました。これを保元の乱といいます。その3年後、保元の乱で手がらをあげ、力をつけた平氏と源氏が、勢力を争って激突したのが平治の乱です。清盛に敗れた源氏のリーダー義朝（頼朝の父）は殺されました。

▲平治の乱のようすをえがいた絵巻物・平治物語絵詞。
国立国会図書館 蔵

平氏の滅亡

こうした平氏の政治にたいして不満をもつ人たちは多く、源頼朝〈P70〜73〉も「源氏の力で、平氏をたおそう」と立ちあがります。源氏と平氏の戦いがつづくなか、清盛は熱病で死をむかえ、平氏は源氏によって滅ぼされることになります。

『平家物語』のなかに、清盛のことが、「おごれる人も久しからず」と書かれています。自分の力に過信する者は、やがて滅びるというわけです。しかし、ちがった見方をすればこれ以後に発展していく武士の時代のさきがけとなった人であるともいえるのです。

清盛、日宋貿易に力をそそぐ

清盛は宋（中国）との貿易でえられる利益に注目し、積極的に貿易に取りくみました。そこで必要なのが港の整備です。現在の神戸港を開発したのが清盛でした。

神戸がまだ福原とよばれていたころ、清盛は経ヶ島という島をつくります。この経ヶ島の完成で、大型船が波や風の影響をうけずに着岸できるようになり、清盛はたくさんの富をえることができるようになったのです。

清盛は半年くらいの間、都を福原へ移していました。

宋（中国）からの輸入品

最近になって、中国や韓国の沖で、このころの沈没船が発見されました。船からは大量の宋の貨幣が発見されました。宋の貨幣は日本への最も重要な輸出品のひとつだったのです。

「頼朝の首をそなえよ！」

清盛は熱病におかされながら、次のような遺言をのこします。
「ただ心のこりなのは、頼朝の首をこの目で見られなかったことだ。わたしが死んだら、頼朝の首をはね、わたしの墓の前にそなえよ！」
死の床においてさえ、ライバル頼朝にうらみをもちつづける清盛。何代にもわたって武士のリーダーの座を源氏と競ってきた、平清盛の執念が感じられます。

鎌倉幕府をつくった兄と、兄に追われた弟

源頼朝と源義経

おもな活動時代	平安時代～鎌倉時代
生没年	源頼朝：1147年～1199年 源義経：1159年～1189年
出身地	源頼朝：愛知県 源義経：京都府
おもな活動場所	源頼朝：神奈川県 源義経：兵庫県・香川県・山口県など

源頼朝　　源義経

武士の棟梁、源氏と平氏

　京の都で、藤原氏を頂点とする平安貴族がはなやかな生活を送っていた、10世紀から11世紀のことです。

　地方の農民は、鉄製農具の利用や、牛や馬を使った土地の耕作などで、荒れ地をひらき、生産を高めていきました。

　生産が高まるなか、地方の豪族や有力な農民たちが、自分の土地や財産を守るために武装するようになり、武士という集団が生まれました。

　そして、地方の武士のなかから、力の強い者を中心に、武士団がつくられていきました。

　このような平安時代のなかで武士団の棟梁（リーダー）として、東日本では源氏、西日本では平氏が、力をのばしてきたのです。この2つの武士団は、おたがいに争いました。そして、平治の乱（1159年）で源義朝をたおした平清盛〈P68・69〉は、武士たちをまとめ、貴

族にかわって政治をおこなうようになりました。

平家をたおせ

「待ちに待った、父義朝や一族の敵、平家を討つときがきた」

1180年8月、平清盛によって幼いときから伊豆に流されていた源頼朝は、その土地の豪族北条氏の力をかりて立ちあがりました。

頼朝が兵をあげたことを知って、たちまち数百の武士が集まりました。

頼朝は、彼らをひきいて相模国（神奈川県）へむかいました。

そこには、平家の軍勢3000が待ちうけており、両軍は石橋山で激突します。しかし、石橋山の合戦は、頼朝軍の敗北に終わりました。九死に一生をえた頼朝は、海をわたって安房（千葉県南部）にのがれます。

源氏の棟梁として関東に立つ

安房をはじめ関東は、以前から源氏に味方する者が多い土地でした。また、関東の各地には平家一族の政治に不満をもつ多くの豪族がいました。

頼朝のよびかけにこたえて、関東の各地からぞくぞくと武士が集まり、あっというまに数万の軍勢になりました。この大軍をひきいて頼朝が鎌倉にはいったのは、石橋山の敗戦からわずか40日後という早さでした。

関東で頼朝が兵をあげたとの知らせが、京都の清盛にとどきました。

清盛は、孫の維盛を総大将にして、頼朝を討ちとるための軍勢5万を出発させました。

1180年10月、頼朝は、富士川で平家の軍勢を破ります。

そのとき、頼朝の陣をめがけて、東の方から騎馬武者の一団が近づいてきました。

「おや、あれは？」と見張りの兵。

「頼朝様に、奥州から弟の九郎がきたとつたえていただきたい」

案内されてきた弟の源義経を見て、頼朝はとても喜びました。

平家を滅ぼし、幕府をきずく

鎌倉に帰った頼朝は、さっそく新しい町づくりに取りくみます。

このころに、頼朝と主従関係をむすんだ武士を御家人といい関東の武士を中心に2000人いたといわれています。

頼朝は、てがらをあげた武将に恩賞としての土地をあたえるかたわら、武士たちを監督する侍所をもうけ、幕府の基礎

平安時代〜鎌倉時代

兄に会うまでの義経は

父義朝が平清盛に敗れた後、義経は兄頼朝とはなれ、京都の鞍馬寺でそだてられました。幼いころの名を牛若（丸）といいます。僧になる修行もしましたが、源氏再興の夢をいだいて、16歳のとき、源氏の味方であった平泉（岩手県）の奥州藤原氏に身をよせたのです。

兄頼朝が兵をあげたとの知らせに、義経は胸の高なりをおぼえ、いさんでかけつけたのでしょう。

源氏と平氏の戦い

平家と反平家との戦いのあとは、反平家勢力の内部でも争いがおこりました。

山川出版社「詳説日本史図録第6版」より改変

りました。

頼朝は、源氏の世の中をつくるために、もうひとつの武士団の平氏にむけて、最後の戦いをするために、軍勢をさしむけました。弟の範頼に陸路を、義経に海路をうけもたせて、西へにげる平家を一ノ谷や屋島に打ちやぶり、1185年の壇の浦の戦いで、ついには平家を滅ぼしました。

兄弟の争い

この戦いで義経は、はなばなしい活躍を見せ、頼朝の許しもないまま朝廷から官位をもらい、重くもちいられました。これを知った頼朝は、はげしく怒り、ついに義経を討つ決意をかためました。

頼朝は、義経をとらえるという名目で、国ごとに軍事と警察・裁判権をもつ「守護」を、貴族や寺院などの荘園の管理・支配に「地頭」をおき、自分の御家人を任命しました。

こうして、頼朝は、それまで勢力のおよばなかった地方まで支配するようになったのです。

一方、追われる身となった義経は、諸国をにげまわった末、かつて自分を守ってくれた藤原秀衡をたよって平泉（岩手県）に落ちつきました。

ところが秀衡の死後、子の泰衡は、頼朝の怒りをおそれ、義経のやかたをおそい、自害させてしまいます。

そして頼朝は、義経をかくまった泰衡は許せないとして、これも攻めほろぼしてしまいます。

奥州藤原氏の滅亡の結果、もう頼朝を

おびやかす敵は、いなくなりました。
　1185年、頼朝は鎌倉幕府をひらきます。
　1192年、46歳の頼朝は、全国の武士をまとめる棟梁として、「征夷大将軍」に任じられました。この時朝廷は鎌倉幕府を認めたのです。

平安時代〜鎌倉時代

天然の要害・鎌倉

亀ヶ谷坂切通し
巨福呂坂
朝夷奈（朝比奈）切通し
化粧坂切通し
鶴岡八幡宮
寿福寺
大倉幕府（1185〜1225年）
大仏切通し
今大路
若宮大路
鎌倉大仏（高徳院）
小町大路
若宮幕府（北条泰時邸跡）（1236〜1333年）
宇都宮辻子幕府（1225〜1236年）
極楽寺切通し
釈迦堂切通し
滑川
名越切通し
由比ヶ浜
相模湾
和賀江島
稲村ヶ崎

南側を海に、ほかの三方を山に囲まれた鎌倉は天然の要害と呼ばれ、7つの切通しを通らなければ出入りできませんでした。

一ノ谷の戦い

　1184年春、平家は、けわしい山が海にせまる、一ノ谷（兵庫県）に陣をしいていました。義経のひきいる2万の軍勢は、六甲山のうしろを大きくまわって、一ノ谷を見おろすうら山にでました。兄範頼の軍勢は、一ノ谷の入り口を攻め、激戦のまっさいちゅうです。

　義経は、70人のつわものをえらび、「鹿がとおるのであれば、馬でもおりられよう」と、絶壁を一気に馬でかけおりました。

　これが、有名な「ひよどり越えの逆おとし」です。谷の入り口をまもっていた平家は、背後からの奇襲に総くずれとなりました。

林原美術館 蔵

全巻人物もくじ（五十音順）

『大研究！日本の歴史 人物図鑑』1〜5巻でとり上げた人物を、五十音順にならべています。丸数字がのっている巻数、その次の数字がのっているページです。

あ行

- 青木昆陽 ③18
- 芥川龍之介 ⑤26
- 足利尊氏 ②16
- 足利義政 ②22
- 足利義満 ②22
- 足軽とよばれた人びと ②54
- 阿倍仲麻呂と唐へわたった人びと ①40
- 天草四郎 ②70
- 安重根 ④50
- 石川啄木 ④70
- 板垣退助 ④34
- 市川房枝 ⑤68
- 一休 ②26
- 一向宗の人びと ②32
- 伊藤博文 ④46
- 犬養毅 ⑤34
- 伊能忠敬 ③38
- 井原西鶴 ③14
- 岩倉具視 ④20
- ウィリアム・スミス・クラーク ④32
- 植木枝盛 ④38
- 上杉謙信 ②46
- 歌川広重 ③44
- 内村鑑三 ④58
- 厩戸皇子→聖徳太子 ①14
- エドモンド・モレル ④30
- 大久保利通 ④16
- 大隈重信 ④34
- 大塩平八郎 ③50
- 尾崎行雄 ⑤32
- 織田信長 ②50
- 小野妹子 ①18

か行

- 勝海舟 ③70
- 鑑真 ①36
- 関東大震災で殺された人びと ⑤24
- 桓武天皇 ①44
- 北里柴三郎 ④72
- 北原白秋 ⑤28
- 木戸孝允 ④16
- 行基 ①32
- 強制連行された人びと ⑤48
- 空海 ①48
- 楠木正成 ②16
- 幸徳秋水 ④56
- 後醍醐天皇 ②16
- 小林一茶 ③42
- 古墳をつくった人びと ① 8
- 小村寿太郎 ④60

さ行

- 西郷隆盛 ④12
- 最澄 ①48
- 斎藤道三 ②48
- 坂上田村麻呂 ①46
- 坂本竜馬 ③64
- 三閉伊一揆の人びと ③62
- シーボルト ③52
- 十返舎一九 ③44
- 持統天皇 ①24
- 島崎藤村 ⑤ 8
- シャクシャイン ③10
- 聖徳太子（厩戸皇子） ①14
- 聖武天皇 ①26
- 昭和天皇 ⑤38
- ジョン万次郎 ③70
- 新田をひらいた人びと ③20
- 親鸞 ② 8
- 菅原道真 ①52
- 杉田玄白 ③32
- 杉原千畝 ⑤46
- 清少納言 ①62
- 雪舟 ②26
- 銭屋五兵衛 ③48
- 戦争に反対し、抵抗した人びと ⑤42

74

人物	巻・頁
千利休	②60
千本松原をきずいた人びと	③22
象をまもった人びと	⑤56
蘇我馬子	①12

た行

人物	巻・頁
大黒屋光太夫	③36
大仏をつくった人びと	①28
平清盛	①68
平将門	①54
高杉晋作	③68
高野長英	③54
竹崎季長	②12
武田信玄	②42
田中正造	④52
玉川庄右衛門	③ 4
玉川清右衛門	③ 4
近松門左衛門	③14
秩父困民党の人びと	④40
中国にのこされた人びと	⑤54
津田梅子	④24
手塚治虫	⑤70
東郷平八郎	⑤10
東条英機	⑤40
徳川家光	②68
徳川家康	②64
徳川慶喜	④ 4
徳川吉宗	③16
富山の女房たち	⑤16
豊臣秀吉	②56

な行

人物	巻・頁
中江兆民	④44
中臣鎌足	①20
中大兄皇子	①20
夏目漱石	⑤ 6
日蓮	② 8
新渡戸稲造	⑤36
野口英世	⑤ 4
野麦峠を越えた工女たち	④64

は行

人物	巻・頁
初めて鉄砲を見た人びと	②34
長谷川町子	⑤70
羽地朝秀	③ 8
卑弥呼	① 4
ひめゆりの乙女たち	⑤50
平塚らいてう	⑤14
福沢諭吉	④ 8
福田英子	④68
武左衛門	③28
藤原清衡	①66
藤原純友	①56
藤原道長	①58
フランシスコ・ザビエル	②36
ペリー	③58
北条時宗	②12
北条政子	② 4
北条泰時	② 4
ポール・ブリュナ	④26
細川ガラシャ	②62

ま行

人物	巻・頁
マッカーサー	⑤60
源義経	①70
源頼朝	①70
宮沢賢治	⑤30
陸奥宗光	④60
紫式部	①62
明治天皇	④22
本居宣長	③26

や行

人物	巻・頁
八幡製鉄所の労働者たち	⑤20
山城国の人びと	②30
山田孝野次郎	⑤22
山上憶良	①34
湯川秀樹	⑤64
与謝野晶子	⑤12
吉田茂	⑤62
4人の少年使節団	②38

わ行

人物	巻・頁
倭寇といわれた人びと	②20

編集　一般社団法人 歴史教育者協議会（略称　歴教協）
戦前の教育への反省の中から1949年に結成され、以来一貫して日本国憲法の理念を踏まえた科学的な歴史教育・社会科教育の確立をめざし、その実践と研究・普及活動を積み重ねてきた。全国に会員と支部組織をもち、授業づくりの研究をはじめ、地域の歴史の掘り起こしやさまざまな歴史教育運動にもとりくむ。機関誌「歴史地理教育」を発行し、毎年夏には全国大会を開催している。2011年4月より一般社団法人に移行した。

事務局
〒170-0005　東京都豊島区南大塚2-13-8　千成ビル
TEL 03-3947-5701　FAX 03-3947-5790
ホームページ　https://www.rekkyo.org/

● 写真提供・協力
朝日新聞社／飛鳥園／飛鳥資料館／飛鳥寺／明日香村教育委員会／一般社団法人千代田区観光協会／宇和島市観光協会／延暦寺／太田市立新田荘歴史資料館／鹿島神宮／北野天満宮／京都府京都文化博物館／宮内庁侍従職／宮内庁正倉院事務所／宮内庁書陵部／呉市／国立国会図書館／金剛峯寺／太宰府市／辰馬考古資料館／談山神社／中尊寺／DNPアートコミュニケーションズ／唐招提寺／東大寺／徳川美術館／長門の造船歴史館／奈良市観光協会／奈良文化財研究所／南山大学人類学博物館／任天堂株式会社／林原美術館／平等院／藤田美術館／便利堂／法隆寺／早稲田大学図書館（50音順）

● 編集委員　岩本　努
　　　　　　大野　一夫
　　　　　　鬼頭　明成
　　　　　　（50音順）

● 原本（1994年版）『人物でたどる日本の歴史』（全5巻）執筆者
今井省三　　北尾　悟　　田所恭介　　保坂妙子
榎本雅雄　　木下伸一　　寺沢　茂　　本間修一
近江葉子　　小池隆司　　東海林次男　本間　昇
大石文子　　佐藤伸雄　　中妻雅彦　　満川尚美
大坪庄吾　　鈴木　武　　中橋章子　　村松邦崇
尾河直太郎　鈴木千慧子　中路久光　　物江賢司
槐　一男　　背戸幹夫　　那須郁夫　　谷田川和夫
片山誠二郎　平良宗潤　　西浦弘望　　山本典人
河崎かよ子　滝尾紀子　　根岸　泉　　吉瀬　総
川本治雄　　武田　章　　布施敏英　　和久田薫
　　　　　　　　　　　　　　　　　（50音順）

● 参考文献
岩波日本史辞典　監修／永原慶二（岩波書店）
週刊ビジュアル日本の合戦　監修／小和田哲男（講談社）
ジュニア　日本の歴史辞典　編集／歴史教育者協議会（岩崎書店）
詳説日本史図録第6版（山川出版社）
世界大百科事典（平凡社）
机上版日本史年表増補版　編者／歴史学研究会（岩波書店）
21世紀こども百科歴史館（小学館）
日本歴史地図（河出書房新社）
ビジュアル版日本史1000人上巻　監修／瀧浪貞子・他（世界文化社）
ビジュアル源平1000人　監修／井沢元彦（世界文化社）
もういちど読む山川日本史　編／五味文彦・鳥海靖（山川出版社）

● 装丁・本文デザイン　吉川層通／白石友祐（株式会社ダイアートプランニング）
● イラスト　アオジマイコ／磯嶺　裕／すなみ沙希／ふすい／
　　　　　　二見敬之／山梨峻太朗／ユウヘイ
● 図版　坂川由美香（AD・CHIAKI）／シーマップ
● 編集協力　山内ススム
● 制作協力　株式会社 童夢

大研究！　日本の歴史 人物図鑑　①弥生時代〜鎌倉時代　　　　NDC210
2017年3月31日　第1刷発行
2018年4月30日　第2刷発行
編　集　歴史教育者協議会
発行者　岩崎夏海
発行所　株式会社 岩崎書店　〒112-0005　東京都文京区水道1-9-2
　　　　電話　03-3813-5526（編集）　03-3812-9131（営業）
　　　　振替　00170-5-96822
印刷所　株式会社 光陽メディア
製本所　株式会社 若林製本工場

©History Educationalist Conference of Japan 2017　　　76p　27cm×19cm
Published by IWASAKI Publishing Co.,Ltd.　Printed in Japan.　ISBN978-4-265-08549-1
岩崎書店ホームページ　http://www.iwasakishoten.co.jp
ご意見ご感想をお寄せ下さい。E-mail hiroba@iwasakishoten.co.jp

落丁本、乱丁本は送料小社負担でおとりかえいたします。

本書のコピー、スキャン、デジタル化等の無断複製は著作権法上での例外を除き禁じられています。本書を代行業者等の第三者に依頼してスキャンやデジタル化することは、たとえ個人や家庭内での利用であっても一切認められておりません。

＊本書は1994年小社刊『人物でたどる日本の歴史』シリーズを編者了解のもとで改訂のうえ再編集し、書名を改めたものの1冊です。

大研究!
日本の歴史 人物図鑑

（全5巻）

各76ページ　B5判　シリーズNDC210　小学校高学年以上向け

①弥生時代
　　～鎌倉時代

②鎌倉時代
　　～江戸時代

③江戸時代

④明治時代
　　～大正時代

⑤明治・大正
　　～昭和

編集／歴史教育者協議会

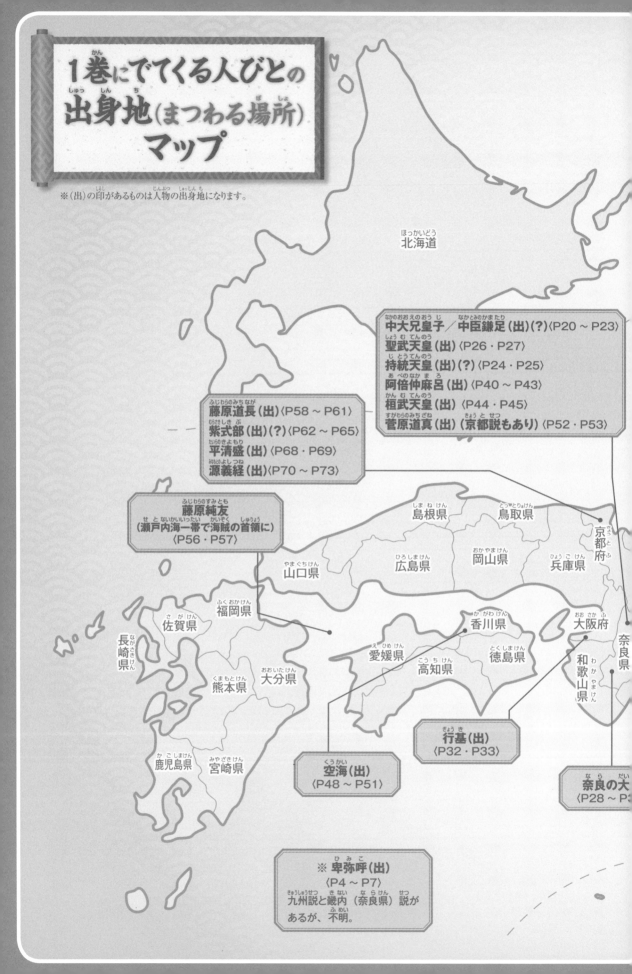